JN321247

1番よく使う
ネイティブが
英会話

一日まるごと
ミニフレーズ
500

山崎祐一
Yamasaki Yuichi

Jリサーチ出版

⌇ はじめに

アメリカの生活経験から生まれた
会話フレーズ集

　毎日の生活の中で、「テレビで何をやってる？」「行ってらっしゃい」「割り勘にしよう」など、日常の何気ないひと言をスムーズに英語で表現できなかった経験はありませんか。英会話の学習は「これは英語で何と言うのだろう」という素朴な疑問から始まります。

　そんな疑問をもったなら、さっそく英語で何と言うか考えてみましょう。

「テレビで何をやってる？」→ What's on?
「いってらっしゃい」→ Have a nice day.
「割り勘にしよう」→ Let's split the bill.

　私はアメリカに住んでいたこともあり、また家族にアメリカ人がいる環境で毎日生活をしています。私のニックネームはTeddyですが、日本語名が発音しづらいということで、アメリカの親友が付けてくれたものです。

　本書はそんな私が、自分の経験に基づいて、また日本の学習者の用途も考えたうえで、一日の生活の中でよく使うフレーズを場面別に集めた1冊です。どれもが英語のネイティブスピーカーが口にする短くシンプルな会話表現ばかりになっています。

ネイティブの発想を知って、ネイティブ発音を真似しよう

　英語圏文化で生活してきた経験から、ネイティブの発想や考え方を理解することが、通じる英会話を身に付ける近道になることは間違いありません。例えば、「いってらっしゃい」のHave a nice day.は、英語では「よい一日を過ごしてね」と発想します。「私は甘党です」なら「私は甘い歯を持っている」と考えI have a sweet tooth.と表現します。

　発音上手になるためには、まず、ネイティブスピーカーの発音を聞いて、真似して音読することです。特に、音のつながりやフレーズの強弱を意識して、聞こえた通りに何度も声に出して言えば、確実に上達していきます。真似をすることが発音上達の決め手であることは、私の実体験から自信を持って言えます！

　本書の付属CDは、「英語」→「日本語」→（ポーズ）→「英語」の順で録音されていますので、音を確認したら、ポーズのところで自分で話す練習ができます。「表現ワンポイント」にあるカタカナ表記の発音も参考にして、何度も練習してみましょう。

　英会話上手になるには、無理なく、少しずつ練習を続けていくことです。ぜひ本書で「英会話って楽しい！」と実感していただけばと思います。

　　　　　　　　　　　　　　　　　　　　　　　　　　山崎　祐一

CONTENTS

はじめに ……………………………………… 2
一日まるごとミニフレーズの練習法 ……………… 6
本書の利用法 ………………………………… 8

Chapter 1
家族と話す …………………… 11
- UNIT 1 朝の会話 …………… 12
- UNIT 2 家事をする ………… 16
- UNIT 3 家族団らん ………… 20
- UNIT 4 くつろぐ …………… 24
- UNIT 5 夜の会話 …………… 28

Chapter 2
電車・車に乗る ……………… 33
- UNIT 6 電車に乗る ………… 34
- UNIT 7 駅での会話 ………… 38
- UNIT 8 車に乗る …………… 42
- UNIT 9 道路事情 …………… 46
- UNIT 10 道を教える ………… 50

Chapter 3
食事で話す …………………… 55
- UNIT 11 食事する① ………… 56
- UNIT 12 食事する② ………… 60
- UNIT 13 料理をする ………… 64
- UNIT 14 味わう ……………… 68
- UNIT 15 お酒を飲む ………… 72

Chapter 4
仕事をする …………………… 77
- UNIT 16 オフィス① ………… 78
- UNIT 17 オフィス② ………… 82
- UNIT 18 会議をする ………… 86
- UNIT 19 訪問する …………… 90
- UNIT 20 接待する …………… 94

Chapter 5
遊びと趣味 …………………… 99
- UNIT 21 スポーツ …………… 100
- UNIT 22 ミュージック ……… 104
- UNIT 23 ショッピング ……… 108
- UNIT 24 トラベル …………… 112
- UNIT 25 レジャー …………… 116

Chapter 6
性格とからだ ………………… 121
- UNIT 26 自己紹介 …………… 122
- UNIT 27 人の性格 …………… 126
- UNIT 28 健康管理 …………… 130
- UNIT 29 からだと体型 ……… 134
- UNIT 30 お医者さん ………… 138

Chapter 7
気持ちを伝える ……………143

- UNIT 31 おしゃべり ………144
- UNIT 32 ポジティブ ………148
- UNIT 33 ネガティブ ………152
- UNIT 34 感謝する …………156
- UNIT 35 お詫びする ………160

Chapter 8
天気・時間・場所 …………165

- UNIT 36 天気の会話① …… 166
- UNIT 37 天気の会話② …… 170
- UNIT 38 時間の会話① …… 174
- UNIT 39 時間の会話② …… 178
- UNIT 40 場所・空間 ……… 182

Chapter 9
イベントとパーティー …… 187

- UNIT 41 日本の行事 ………188
- UNIT 42 アメリカの行事 … 192
- UNIT 43 パーティー ………196
- UNIT 44 冠婚葬祭 …………200
- UNIT 45 写真を撮る ………204

Chapter 10
アメリカ生活 …………… 209

- UNIT 46 恋愛をする ………210
- UNIT 47 ファッション ……214
- UNIT 48 大学生活 …………218
- UNIT 49 カジュアル表現① ..222
- UNIT 50 カジュアル表現② ..226

一日まるごとミニフレーズさくいん …………………………………230

(Column) Teddy's Special　私のとっておきフレーズ
① …. 32　② …. 54　③ …. 76　④ …. 98　⑤ …. 120
⑥ …. 142　⑦ …. 164　⑧ …. 186　⑨ …. 208

一日まるごとミニフレーズの練習法

ミニフレーズは次の4つのステップで練習しましょう。
しっかり身につければ、英会話の基礎になり
さまざまな生活シーンで活躍するでしょう。

CDを聞いて音を確認しよう

リスニングは言葉を習得する基本です。まずネイティブ音声のフレーズをしっかり聞いてみましょう。同じフレーズを繰り返して聞けば、スムーズに音声が理解できるようになります。

慣れてきたら、本を見ずに聞いてみましょう。わからなくなったときには、無理をせずに、もう一度英語フレーズを見てみましょう。

発音練習をしよう

フレーズを発音するときには、特に音のつながりや消える音に注意しながら練習しましょう。例えば、eat out（外食する）は［イート・アウト］と単調にではなく、［イー**ラ**ウッ］のように、なめらかに、メリハリをつけて発音するように心がけましょう。

発音が上手になると、話すことがとても楽しくなります。また、リスニングの力も向上するという研究データが報告されています。

Step 3 使い方を理解しよう

　文化が違えば、言葉の発想や使い方も異なります。例えば、日本語では「コーヒー」は「いれる」ものですが、英語では coffee は make するものです。「地下鉄」や「エレベーター」に「乗る」には take を使います。このような中学校で習う基本的な動詞が英会話では活躍します。

　よく使う表現の意味と用法を知り、それぞれの場面に合った英語の感覚を身につければ、英会話の幅は無限に広がっていきます。

Step 4 何度も音読をしよう

　英語を音読するときには、まず、口を大きく動かして、はっきり発音することが大前提です。英語は日本語よりも音が多いので、もごもご発音していると、意味の違いが表せない場合があります。

　CDで「英語→日本語」が流れた後、ポーズが取ってあるので、そこでしっかりとリピートしてみましょう。ポーズの後に再度英語が流れるので、自分が英語を正しく音読できたかどうか確認しましょう。

本書の利用法

この本は、ネイティブスピーカーがよく使う一日まるごとミニフレーズをマスターするためのものです。短いフレーズなので、しっかり練習して、会話で使いこなせるようにしましょう。

UNIT 1 ネイティブのように話そう
朝の会話

話すためのヒント 家族との会話には基本動詞が活躍する

take a shower（シャワーを浴びる）、make coffee（コーヒーをいれる）、put on some make-up（化粧をする）のように、take、make、putなど、中学校で習った動詞を上手に使いこなしましょう。

また、英語圏の文化では、朝にシャワーを浴びる(take shower)ことが多く、夜にお風呂に入る(take a bath)習慣はあまりありません。そんな文化の違いも知っておくと、会話のヒントになります。

 ❶話すためのヒント

各 UNIT で紹介するシーンでよく使うミニフレーズや表現、また話すためのポイントを紹介します。ネイティブらしく話すのに参考になるアメリカの文化や習慣、マナーについても解説します。

❶ 起きる

□ **Get up!**
起きなさい！

【表現ワンポイント】
get up［ゲラッ(プ)］は朝「起床する」という意味でよく使いますが、ベッドや布団から出て「立ち上がる」ことです。wake up［ウェイカッ(プ)］（目を覚ます）と区別して使いましょう。

❷シーン・機能

それぞれのミニフレーズを使う場面やその役割を表示します。フレーズの検索にも便利です。

8

❸ ミニフレーズと 日本語訳

日常生活でとてもよく使うミニフレーズです。各フレーズにはできるだけ自然な日本語訳をつけました。CDを使った練習では、日本語をヒントに英語を話す練習ができるようになっています（☞「CDの使い方」p.10参照）。

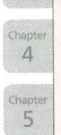

❷ 眠い

□ **I'm still sleepy.**
まだ眠いよ。

(表現ワンポイント)
sleepの形容詞にはsleepyとasleepの2つがあります。sleepyは「眠たい」、asleepは「眠っている」という状態を表します。混同しないように注意しましょう。

❸ シャワー

□ **Hurry up and take a shower.**
急いでシャワーを浴びなさい。

(表現ワンポイント)
「急ぐ」はhurry up［ハーリー**アッ**(プ)］です。「急いで〜しなさい」と言いたい場合は、Hurry up andの後ろに動詞を続けます。「お風呂に入る」はtake a bath、「髪を洗う」はshampoo my hairです。

❹ コーヒー

□ **Let me make some coffee for you.**
コーヒーをいれるね。

(表現ワンポイント)
「コーヒーをいれる」ときの「いれる」にはmakeを使います。「コーヒー沸かし器」「コーヒーメーカー」のことはcoffee makerです。「お茶をいれる」もmake teaと言います。

❹ 表現ワンポイント

ミニフレーズを構成するキーになる表現に焦点を当てて、その意味や背景をわかりやすく解説します。他の表現のバリエーションも紹介しています。また、注意すべき発音についても簡単に説明を加えています。

● さくいん

巻末には、500のミニフレーズのアルファベット順さくいんを掲載しています。覚えたかどうかの確認や、フレーズの検索に利用してください。

9

CDの使い方

付属CDを使って、練習を進めましょう。CDは次のように使うと効果的です。

❶ミニフレーズの発音を確認しよう

本書ではネイティブスピーカー（アメリカ人）の発音で収録しています。音のつながり、変化、強勢の置き方もネイティブ風になっています。何度も聞いて、音の流れを耳で理解できるようにしましょう。

❷ミニフレーズを自分で言ってみよう

（英語）→（日本語）→（ポーズ）→（英語）の順番で録音されています。ポーズのところで自分で声に出して言ってみましょう。

🔊 **How was your day?**
▼
🔊 **今日はどんな日だった？**
▼
ポーズ ここで言ってみましょう
▼
🔊 **How was your day?**

❸何度もくり返そう

どれもよく使うフレーズなので、何度も聞いてからだに染みこませるようにしましょう。自然に口をついて出るようになれば、そのフレーズはもうあなたのものです。

Chapter 1

家族と話す

UNIT 1〜UNIT 5

UNIT 1 ネイティブのように話そう
朝の会話

話すためのヒント 　**家族との会話には基本動詞が活躍する**

　take a shower(シャワーを浴びる)、make coffee(コーヒーをいれる)、put on some make-up(化粧をする)のように、take、make、putなど、中学校で習った動詞を上手に使いこなしましょう。

　また、英語圏の文化では、朝にシャワーを浴びる(take a shower)ことが多く、夜にお風呂に入る(take a bath)習慣はあまりありません。そんな文化の違いも知っておくと、会話のヒントになります。

---

❶ 起きる

□ # Get up!

起きなさい！

表現ワンポイント

get up［ゲ**ラ**ッ(プ)］は朝「起床する」という意味でよく使いますが、ベッドや布団から出て「立ち上がる」ことです。wake up［ウェイ**カ**ッ(プ)］(目を覚ます)と区別して使いましょう。

12

❷ 眠い

☐ **I'm still sleepy.**

まだ眠いよ。

(表現ワンポイント)

sleepの形容詞にはsleepyとasleepの2つがあります。sleepyは「眠たい」、asleepは「眠っている」という状態を表します。混同しないように注意しましょう。stillは[スティォ]のように発音します。

---

❸ シャワー

☐ **Hurry up and take a shower.**

急いでシャワーを浴びなさい。

(表現ワンポイント)

「急ぐ」はhurry up[ハーリーアッ(プ)]です。「急いで〜しなさい」と言いたい場合は、Hurry up andの後ろに動詞を続けます。「お風呂に入る」はtake a bath、「髪を洗う」はshampoo my hairです。

---

❹ コーヒー

☐ **Let me make some coffee for you.**

コーヒーをいれるね。

(表現ワンポイント)

「コーヒーをいれる」ときの「いれる」にはmakeを使います。「コーヒー沸かし器」「コーヒーメーカー」のことはcoffee makerです。「お茶をいれる」もmake teaと言います。

❺ お化粧

☐ **I have to put on some make-up.**
化粧をしなくちゃ。

> **表現ワンポイント**
>
> 日本語では身に着けるものによって、例えば「(服を)着る」「(靴を)履く」「(帽子を)かぶる」と異なる動詞を使いますね。英語は全てput onで事足ります。「化粧をする」も顔に「付ける」わけですからput onです。

❻ コンタクト

☐ **Oops! I forgot to put in my contact lenses.**
しまった！ コンタクトをつけるのを忘れてた。

> **表現ワンポイント**
>
> コンタクトレンズは通常2つで1セットですから、contact lensesと複数で使いましょう。contactsでもOK。glasses（メガネ）にはput onを使いますが、contact lensesは目の中に入れるのでput inを使います。

❼ 朝食

☐ **Breakfast is ready.**
朝ごはんの用意ができたよ。

> **表現ワンポイント**
>
> 「用意ができた」は日本語では過去形ですが、英語では、今用意ができている状態なので現在形で〜 is readyと言います。「私は用意ができました（用意ができています）」も同じようにI'm ready.と言えます。

⑧ 歯磨き

□ **Go brush your teeth.**
歯を磨きに行きなさい。

表現ワンポイント

「(ブラシで)磨く」は、そのままbrush 〜と言います。「髪をブラシでとかす」もbrush my hairです。「髪をくしでとかす」は「くし」という意味のcomb [コウム] を動詞として使いcomb my hairとします。

---

⑨ ペット

□ **Did you feed the cats?**
ネコにエサをやった？

表現ワンポイント

feed [フィードゥ] はfood [フードゥ] (食べ物)の動詞で、「食べ物を与える」という意味です。動物だけではなく、例えば「赤ちゃんに食べさせる」ときもfeed the babyと言えます。

---

⑩ 出かける

□ **Have a nice day.**
いってらっしゃい。

表現ワンポイント

英語には「いってきます」や「いってらっしゃい」という決まった言い方はありません。「いってきます」はBye. [バーイ]、それに対して「いってらっしゃい」は「よい一日を」(Have a nice day.)と発想します。

15

UNIT 2 ネイティブのように話そう
家事をする

話すためのヒント

makeやdoを使いこなそう

英語圏では自分のベッドは自分で整えるように、子どものときから厳しくしつけられます。make my bed（自分のベッドを整える）のように、ここでもmakeという基本動詞が使われます。pillow（まくら）、pillow case（まくらカバー）、comforter（掛け布団）なども覚えておくと便利です。「シーツ」は1枚であればsheet［**シー**トゥ］なので発音に注意しましょう。

家事の定番であるdo the laundry（洗濯をする）、do the dishes（皿を洗う）、do the ironing（アイロンをかける）も基本動詞doで表現できます。

---

❶ ご飯を炊く

□ **I'll cook rice right away.**

すぐにご飯を炊くね。

表現ワンポイント

ご飯を「炊く」はcook（料理する）を使います。「炊飯器」はrice cookerです。日本語では「稲」「米」「ご飯」と別の名詞を使いますが、英語ではすべてriceで表現します。

16

❷ 洗濯をする

□ **Can you do the laundry today?**
今日は君が洗濯してくれる？

（表現ワンポイント）

「洗濯をする」はlaundry［ローンドゥリー］（洗濯、洗濯物）の前に基本動詞doを付けるだけです。「洗濯物を干す」は「掛ける、吊るす」という意味のhangを使いhang the laundry out to dryとします。

---

❸ 食卓の準備

□ **Can you help me set the table?**
食卓の準備をするのを手伝ってくれる？

（表現ワンポイント）

「人が〜するのを手伝う」は〈help + 人 + 動詞の原形〉の形で表現します。「食卓の準備をする」は「テーブルをセットする」とイメージしましょう。helpは［ヘョプ］のように発音します。

---

❹ ベッド

□ **Make your own bed.**
自分のベッドをきれいにしなさい。

（表現ワンポイント）

makeは「手を加えて、ある状態にする」というイメージです。make your own bed（あなた自身のベッドを整える）は、「乱れている掛け布団や枕に手を加えることによってきれいな状態にする」と捉えます。

❺ 掃除する

☐ **We should vacuum the living room.**

リビングに掃除機をかけないとね。

（表現ワンポイント）

vacuum［**ヴァ**キューム］は「電気掃除機で掃除する」という意味です。日本語の「リビング」は、英語ではliving room、「ダイニング」もdining roomです。roomを付け忘れないようにしましょう。

---

❻ アイロン

☐ **I have to iron my shirts.**

シャツにアイロンをかけなくちゃ。

（表現ワンポイント）

iron［**アイアン**］は、「アイロン」という名詞と「〜にアイロンをかける」という動詞があります。アイロンをかけたい物をironの後ろに続けて、動詞として使えます。do the ironing（アイロンをかける）とも言えます。

---

❼ 花に水をやる

☐ **Can you water the flowers in the yard?**

庭の花に水をあげてもらえる？

（表現ワンポイント）

water［**ワーラー**］もironと同じように、「水」という名詞と「〜に水をやる」という動詞があります。waterの後ろにthe flowers（花）、the plants（植物）、the garden（庭）などを続けて表現します。

❽ 床を掃く

□ **Would you mind sweeping the floor?**
床を掃いてもらえない？

(表現ワンポイント)

「(床)を掃く」にはsweep、「(ほこり)をはたく」にはdustを使います。一般的に「掃除する」という動詞はclean the room(部屋を掃除する)のようにcleanを使います。

---

❾ ゴミ出し

□ **Take out the garbage.**
ゴミを外に出して。

(表現ワンポイント)

garbageは「生ゴミ」という意味です。kitchen garbageとも言います。trashは部屋に置いてあるゴミ箱の「ゴミ」「紙くず」をイメージしてください。「不燃ゴミ」はincombustibles［インクンバスタボォズ］です。

---

❿ 電球の交換

□ **The light bulb burned out.**
電球が切れた。

(表現ワンポイント)

「電球」はlight bulb［ライッバオブ］です。電球が「切れる」はburn out［バーナウッ(トゥ)］、電池(battery)が「切れる」はThe battery is dead.のように形容詞dead［デッドゥ］を使います。

UNIT 3 ネイティブのように話そう
家族団らん

話すためのヒント

愛する人にはHoney!
　夫婦同士の呼びかけの言葉は、honey、dear、sweetheart、darlingなど、いろいろあります。いずれも、男女に関係なく使えます。日本語では、親は子どもに対して、自分のことを「パパ」とか「お母さん」と言いますが、英語では、親子に関係なく自分にはI、相手にはyouを使います。

　日本の年齢社会、上下社会に対して、英語圏の対等社会の文化が言葉に表れていますね。日本ではお正月の準備をしますが、英語圏ではクリスマスの準備です。アメリカではクリスマスは一年の最大の行事です。

---

❶ 誕生日

□ **Honey, tomorrow is Mika's birthday.**
あなた、明日はミカのお誕生日ね。

表現ワンポイント

honeyは「はちみつ」という意味ですが、愛情を込めて、夫婦間や恋人同士、また、他人でもかなり年下の人に対して、呼びかけとして使います。

❷ 結婚記念日

□ **Mom and Dad**, today is your wedding anniversary!

パパ、ママ、今日はパパとママの結婚記念日だよ！

表現ワンポイント

日本語では「パパ、ママ」「お父さん、お母さん」という語順ですが、英語ではMomが先です。「結婚記念日」は(wedding) anniversary［アニ**ヴァ**ーサリー］です。

❸ ペットを飼う

□ **I wonder if** we can have a dog at our house.

うちで犬を飼えないかなあ。

表現ワンポイント

「～かなあ」と思いを巡らすときにはI wonder if ～. を使います。この場合、ifは「～かどうか」という意味です。「(ペット)を飼う」は基本動詞のhaveやkeepを使いましょう。

❹ おいしいパスタ

□ The pasta you cook always **tastes great**, Mom.

ママのパスタはいつもおいしいね。

表現ワンポイント

the pasta which you cookのwhich（関係代名詞）が省略されています。taste greatは「素晴らしい味がする」、つまり「おいしい」ということです。

❺ クリスマスの準備

□ **Let's get ready for Christmas today.**

今日はクリスマスの準備をしようね。

表現ワンポイント

ready［レディー］は「準備ができている」という意味です。get ready で「準備する」となります。forは「〜用に」「〜のために」と捉えると使いやすくなります。

---

❻ レシピ

□ **I tried a new recipe.**

新しいレシピを試してみたよ。

表現ワンポイント

外来語の「レシピ（recipe）」は、ネイティブスピーカーは［レサピー］のように発音します。try（試してみる）の発音は［ト・ラ・イ］ではなく、trを1つの音として一気に発音しましょう。

---

❼ 音楽の音量

□ **Would you mind turning the music down?**

音楽を小さくしてもらえないかな？

表現ワンポイント

エアコンの温度、テレビのボリュームなどを「上げる」はturn 〜 up、「下げる」はturn 〜 downです。電気などを「つける」はturn 〜 on、「消す」はturn 〜 offです。

❽ お風呂

□ **I love to soak in the tub.**

湯舟に浸かるのが大好き。

(表現ワンポイント)

loveは「愛している」だけではなく、「とても好き」のように人以外に対しても使います。soak［ソゥク］は「浸かる」「浸す」の意味です。お風呂（湯舟）はbathtub、またはtubで表します。

---

❾ マンション

□ **Why don't we look for a new condominium?**

新しいマンションを探しましょうよ。

(表現ワンポイント)

Why don't we ～?は「私たちはなぜ～しないの？」、つまり「～しようよ」と行動を促す表現です。「分譲マンション」はcondominium［カンダミニアム］を使いましょう。

---

❿ ドライブ

□ **How about going for a drive tomorrow?**

明日、みんなでドライブに行かないか。

(表現ワンポイント)

How about ～ing?は「～するのはどう？」「～しない？」と、相手を誘う表現です。「ドライブに行く」はgo for a driveです。go toにしないように注意しましょう。toの後ろには目的地がきます。

UNIT 4

ネイティブのように話そう
くつろぐ

話す ためのヒント　**週末のことがよく話題になる**

　月曜日に友人や同僚に会うと、必ずと言っていいほど How was your weekend?(週末はどうだった？)と聞かれます。何かしたことがあれば、そのことを伝えればいいのですが、特に何もしなかったときは、「何と答えたらいいの？」と困ってしまいますね。

　そんなときには、例えば、I stayed home all day.(一日中家にいた)とか、I just took it easy at home.(家でゆっくりしていた)とか、I stayed in bed until noon.(お昼まで寝ていた)などと言えばいいでしょう。

---

❶ 家にいた

□ **I stayed home all day.**

一日中家にいたよ。

表現ワンポイント

「家にいる」はstay homeです。homeは「家」と「家に」の両方の意味で使えます。この場合は「家に」という意味です。stay at homeと言うこともできます。

❷ 家でくつろぐ

☐ **I just took it easy at home.**
家でゆっくりしていたよ。

表現ワンポイント

take it easy［テイキ**リ**ーズィー］は「のんびりする」という意味です。ここは過去形なのでtook it easyとなり、発音は［トゥッキ**リ**ーズィー］のようになります。

❸ 家庭菜園

☐ **I grow vegetables in my yard.**
庭で野菜を育てています。

表現ワンポイント

growは「〜を育てる」という意味です。発音は［グ**ロ**ウ］です。［グロー］と伸ばさないようにしましょう。野菜は複数あるのでvegetables［**ヴェ**ジタボォズ］と複数のsを忘れないようにしましょう。

❹ お菓子をつくる

☐ **I baked a cake and some cookies.**
ケーキとクッキーを焼きました。

表現ワンポイント

ケーキやクッキーを「焼く」はbake［**ベイク**］を使います。トースターでパンを焼く場合はtoast［**ト**ウストゥ］を使いましょう。

❺ 昼寝したい

□ **I want to take a nap.**
昼寝をしたいな。

表現ワンポイント

napは「昼寝」です。基本動詞のtakeを使います。また、「昼寝をする」は他にもカジュアルな表現でcatch forty winksとかcatch some Z'sと言ったりもします。want toは［ワナ］に聞こえるときもあります。

---

❻ 居眠り

□ **I fell asleep while watching TV.**
テレビを見ながら居眠りしちゃった。

表現ワンポイント

「居眠りをする」はsleepの形容詞asleepを使いfall asleepと言います。doze off［ドウゾフ］とも言えます。while watching TVはwhile I was watching TVでもOKです。

---

❼ 読書

□ **I caught up on my reading.**
ずっとできていなかった読書をしたよ。

表現ワンポイント

catch upは「追いつく」という意味です。ここでは、今まで忙しくてなかなかできなかった読書が(本来読んでいるべきところまで)追いついた」とイメージします。

❽ おしゃべり

□ **I chatted with my friend on the phone.**

電話で友だちとしゃべっていました。

(表現ワンポイント)

「ぺちゃくちゃおしゃべりする」という動詞はchatを使いましょう。もちろんtalkでも大丈夫です。パソコン上の文字でおしゃべりする「チャット」をイメージしてください。

❾ ネットで買い物

□ **I ordered an interesting book on the Internet.**

インターネットで面白い本を注文しました。

(表現ワンポイント)

「インターネットで」の「で」に当たる言葉は「電話で」の「で」と同じ「上」というイメージのonです。「インターネット上で」と考えます。Internetの前にtheを忘れずに。

❿ 音楽を楽しむ

□ **I really enjoy listening to music in my free time.**

時間があるときには音楽を聴いて結構楽しんでいます。

(表現ワンポイント)

くつろぎの表現にはenjoyという動詞は欠かせません。「〜することを楽しむ」と言いたいときには、enjoyの後ろはenjoy listeningのように〜ing形にしましょう。

UNIT 5 ネイティブのように話そう 夜の会話

話すためのヒント

「ただいま」は何と言う？

日本語の「ただいま」や「おかえり」という決まり文句は英語にはありません。I'm home.(ただいま)という言い方もありますが、普通は、帰って来た人は、Hi, Mom!と言い、家にいる家族はHi, Kathy.と言葉を返した後、How was your day?(今日はどうだった？)とかHow did the test go?(テストはどうだった？)などと続けます。

「おやすみ」はGood night.[**グッナイ**]で、Sleep tight.[**スリープタイトゥ**]と言えば「ぐっすり寝て休んでね」となります。

CD-1 5

---

❶どんな日？

□ # How was your day?

今日はどんな日だった？

（表現ワンポイント）

会話の突破口として便利な表現です。返す言葉としては、簡単にFine.(よかったよ)やOh, it was a busy day.(いや〜、忙しい一日だったよ)などでOK。起こった出来事を付け加えればベターです。

❷ テストの出来

□ How did the test go?
テストはどうだった？

表現ワンポイント

基本動詞のgoは「行く」という意味だけでなく、「進行する」「ある場所から遠ざかる」というイメージで捉えます。つまり、「テストはどういうふうに進行したのか」と聞いているわけです。

❸ 夕食

□ What's for dinner?
晩ごはんは何？

表現ワンポイント

for ～は「～用に」とイメージしておくと便利です。「晩ご飯用に(for dinner)何があるのか(What's)」と捉えます。

❹ 食べる

□ Start eating.
さあ、食べて。

表現ワンポイント

「食べ始める」はstart eatingです。また、Dig in.［ディギン］と言えば「さあ遠慮なく食べて」と、相手に食べる行為を促す表現になります。

❺ テレビ番組

☐ **What's on?**
(テレビで)何をやってる?

表現ワンポイント

テレビでどんな番組をやっているのかをたずねるときにはWhat's on?を、映画で今何が上映されているのかをたずねるときにはWhat's playing?を使います。

❻ 宿題

☐ **Have you finished your homework?**
宿題は終わったの?

表現ワンポイント

「~を終えてしまいましたか」とたずねたいときにはHave you finished ~?と言います。「宿題」はhomeworkです。数えられない名詞なので、冠詞のaや複数のsは付けません。

❼ 明日の予定

☐ **Do you have any plans for tomorrow?**
明日は予定が何かある?

表現ワンポイント

明日の予定や計画をたずねるときの決まり文句です。「計画を立てる」はmake a planです。Have you made any plans for tomorrow?(明日の予定は立てた?)のように使います。

❽ 仕事の面接

□ **I'm supposed to** have a job interview tomorrow.
明日は仕事の面接があるんだ。

(表現ワンポイント)
I'm supposed to ~は「~することになっている」のように予定を表します。就職の「面接」はjob interviewです。面接が「ある」は、基本動詞のhaveを使います。

---

❾ 寝る時間

□ **It's time to** go to bed.
寝る時間だよ。

(表現ワンポイント)
「~する時間です」はIt's time toの後ろに動詞の原形を続けます。「寝る」「床につく」はgo to bedです。go to sleep（眠る、眠りにつく）と区別して使いましょう。

---

❿ 起床時間

□ Can you **wake** me **up** at seven o'clock tomorrow?
明日7時に起こしてもらえる？

(表現ワンポイント)
wake upは「目を覚ます」、wake ~ upは「~の目を覚まさせる」、つまり「~を起こす」ということです。夜遅くに電話をかけた相手に「起こしてしまった？」と聞く場合にはDid I wake you?です。

Teddy's Special ❶

Let's play it by ear.

[レッツプレイッバイイア]

成り行きにまかせよう。

　例えば、誰かとその日の行動の計画を立てているとき、「まあ、あまり細かいことは今決めず、成り行きにまかせましょうよ」などと言いたいときに使ってみましょう。

　文字通りでは、「それを(it)耳で(by ear)演奏しよう(let's play)」ということですから、「(用意された楽譜がないので)その曲を耳で聞いたまま弾いてみよう」、つまり「決まった行程表はないので、その場その場で臨機応変に行動しよう」ということですね。

Chapter 2

電車・車に乗る

UNIT 6〜UNIT 10

UNIT 6

ネイティブのように話そう
電車に乗る

話すためのヒント

「通勤する」はcommuteと言う

　このユニットでは、毎日の通勤や通学で使う電車に関する会話フレーズを取り上げます。通勤や通学でよく質問したりされたりするのが交通手段についてです。例えば、「毎日どのようにして通勤していますか」と聞きたい場合は、文をHow（どのように）で始めて、commute［ク**ミュー**トゥ］（通勤・通学する）を使えば簡単です。How do you commute every day?とします。もちろん、commuteの代わりにgo to work（仕事に行く）、go to school（学校に行く）も使えます。

---

❶ 満員電車

□ **This train is overcrowded.**

この電車、ひどく混んでるなあ。

表現ワンポイント

over～は「あまりに～すぎる」という意味です。例えば、overweightは「重すぎる」「規定重量を超過した」「太りすぎ」ということです。「とても混んでいる」という意味ではvery crowdedでもOKです。

34

❷ 地下鉄

□ **Let's take the subway.**

地下鉄に乗りましょう。

表現ワンポイント

「(列車などの乗り物)に乗る」はtakeを使います。例えば、take a train、take a bus、take a planeなど。「地下鉄」はアメリカではsubway、イギリスではundergroundと言います。

❸ 行き先

□ **Which train goes to Roppongi?**

どの電車が六本木に行きますか。

表現ワンポイント

「どの〜」にはwhichを使いましょう。whichは「どっちの」と「どの」の両方に使います。応答としては、例えば、Take the Hibiya Line.(日比谷線に乗ってください)と返しましょう。

❹ 方面行き

□ **This train is bound for Umeda.**

この電車は梅田方面行きです。

表現ワンポイント

「〜方面行き」はbound for 〜です。forをto(〜へ)にしないように注意。「お台場経由、羽田行きのバス」はvia [ヴァイア](経由)を使い、a bus bound for Haneda via Odaibaとなります。

35

❺ 乗り換え

☐ Change here for the Ginza Line.
ここで銀座線に乗り換えてください。

表現ワンポイント

「乗り換える」はchangeで大丈夫です。「〜に乗り換える」の「に」にはforを使いましょう。「電車(飛行機)を乗り換える」はchange trains (planes)です。複数形になるので注意しましょう。

---

❻ 終点

☐ This is the end of the line.
ここが終点です。

表現ワンポイント

「終点」はthe end of the lineです。「〜線の最後(end)」とイメージします。the end of the hallは「廊下(hall)のつきあたり」という意味になります。

---

❼ 電車の頻度

☐ How often does the train run?
どのくらい頻繁に電車は走っていますか。

表現ワンポイント

「どのくらい頻繁に」「1時間に何本」など、頻度をたずねる場合はhow oftenを使いましょう。every 〜は「〜おき」という意味です。例えば、「5分おきです」と答えるときはEvery five minutes.です。

❽ 公共交通機関

☐ **Tokyo has an amazing public transportation system.**

東京にはすばらしい公共交通機関があります。

(表現ワンポイント)

amazingは「すばらしい」というほめ言葉です。publicは「公共の」、transportationは「輸送」「交通」。バスや電車などの交通機関を表します。

---

❾ 通勤の手段

☐ **How do you commute every day?**

どうやって毎日、通勤していますか。

(表現ワンポイント)

「どうやって」のように方法をたずねる場合はHowで始めます。commute [クミュートゥ] は「通勤する」「通学する」という意味です。例えば、「路面電車です」と答えるときはBy street car. です。

---

❿ 急行列車

☐ **This is an express train.**

これは急行列車です。

(表現ワンポイント)

「急行列車」はexpress train、「急行バス」はexpress busです。expressだけでもOK。「特急」はlimited express、「快速」はrapid serviceです。新幹線はbullet train [ブリットゥレイン] です。

UNIT 7

ネイティブのように話そう

駅での会話

話すためのヒント

「券売機」は何と言うかな

　このユニットでは、駅でよく話す会話を練習します。

　駅では「運賃」(fare)を確認して、「切符」(ticket)を「券売機」(ticket machine)で買います。PASMOやSuicaなど、「プリペイドICカード」(pre-paid IC card)は、「改札口」(ticket gate)の「読み取り機」(scanner)にタッチします。

　また、「エレベーターに乗る」(take the elevator)、「階段で行く」(take the stairs)、は「電車に乗る」(take the train)と同じように、動詞takeを使いましょう。

CD-1 7

❶ 駅への道順

☐ **There's a train station down the street.**

この先に電車の駅がありますよ。

(表現ワンポイント)

「この先に」は「この道を（まっすぐ）行ったところに」ということですから、down the street を使います。down は「～を下って」という意味もありますが、「～に沿って」という意味でも使います。

❷ 乗車時間

□ **It takes you about thirty minutes to get to Yokohama.**
横浜まではおよそ30分です。

表現ワンポイント

〈It takes（人）+ 時間〉は、「（人）に〜くらいの時間がかかる」ということを表します。get to 〜は「〜に着く」という意味です。

---

❸ 券売機

□ **Where are the ticket machines?**
券売機はどこですか。

表現ワンポイント

「券売機」「発券機」はticket machineです。2語をつないで[**ティケッマシ**ーン]と発音します。券売機は、通常、一カ所にいくつか並んでいるので、ticket machinesと複数で使うのがベターです。

---

❹ 運賃

□ **How much is the fare?**
運賃はいくらですか。

表現ワンポイント

電車やバスの「運賃」「料金」はfare[**フェ**ア]です。手数料などの「料金」はfee[**フィ**ー]、高速道路や電話の「料金」「使用料」はtoll[**トゥ**ォ]、サービスに対する「料金」はcharge[**チャ**ージ]です。

❺ プリペイドカード

☐ **You can buy pre-paid IC cards at the ticket office.**

プリペイドカードは窓口で買えますよ。

(表現ワンポイント)

駅の「窓口」にはticket office、またはticket boothを使いましょう。デパートなどの「お客さま窓口」はcustomer service、銀行の「窓口」はtellerです。

---

❻ スキャナー

☐ **Touch your card to the scanner.**

スキャナーにカードを触れてください。

(表現ワンポイント)

カードをタッチする場所はscannerやreaderです。「カードをスキャナー（カードリーダー）に（触れずに）かざしなさい」はHold your card over the scanner [reader]. と言います。

---

❼ 改札で待つ

☐ **I'll be waiting for you at the ticket gate.**

改札口で待っています。

(表現ワンポイント)

「改札口」はticket gate［**ティケッゲイ**（トゥ）］です。will be 〜ingの形で予定を表します。「〜を待つ」はwaitの後ろにforを忘れないようにしましょう。

❽ エレベーター

□ **Let's take the elevator over there.**

向こうのエレベーターに乗りましょう。

(表現ワンポイント)

エレベーターやエスカレーターに「乗る」や階段で「行く」は、バスや電車に「乗る」と同様、takeを使います。「どちらかと言うと階段で行きたいです」はI'd rather take the stairs. となります。

---

❾ ホーム

□ **Your train is leaving from platform 3.**

あなたの電車は3番線から出ます。

(表現ワンポイント)

駅の「〜番線」「〜番ホーム」はplatformで表し、3 (three)などの数字を続けて言います。「(電車が)出発する」はleave、またはdepart [ディパートゥ] を使います。進行形(be 〜ing)の形で、近い未来を表します。

---

❿ 出口

□ **Which exit should I take to go to the Plaza Hotel?**

プラザホテルに行くには、どの出口を使ったらいいですか。

(表現ワンポイント)

「出口」はexit [エグズィッ(トゥ)] または [エクスィ(トゥ)] です。「出口を使う」にはtakeを使います。「東口ですよ」と教えてあげるときはTake the east exit. となります。

UNIT 8 ネイティブのように話そう
車に乗る

話すためのヒント　車にはお決まり表現がある

　車は日常生活に欠かせない移動手段です。アメリカでは特に、移動は車が一般的で、車なしでは生活できないと言っても過言ではありません。ほとんどの人が運転免許証を持っているので、英語では車に関する表現も多彩です。

　「車で移動する」はdriveだけでOKです。drive you homeとすれば「あなたを家まで送る」となります。「あなたを車に乗せる」ときにはpick you up［ピッキューアップ］、「降ろす」ときにはdrop you off［ドロッピューオフ］を使います。

CD-1
8

❶車で通勤

☐ **I drive to work every day.**

私は毎日車で仕事に行きます。

（表現ワンポイント）

go to workは「仕事に行く」ですが、goをwalkに換えwalk to workとすれば「歩いて仕事に行く」、driveに換えて drive to work とすれば「車を運転して仕事に行く」となります。

❷ 降ろしてほしい

☐ **Could you drop me off at the train station?**

駅で降ろしてもらえませんか。

(表現ワンポイント)

drop ~ offは「~を車から降ろす」という意味です。「~を車に乗せてあげる」はpick ~ upです。「駅で」のように「~で」と場所を表す場合はatを使います。

---

❸ シートベルト

☐ **Fasten your seat belt.**

シートベルトを締めてね。

(表現ワンポイント)

fastenは「締める」です。tは発音せず、[ファスン]となります。seat belt(シートベルト)のseatのtは小さな[ッ]のようになり、[スィーッベォ(トゥ)]と聞こえます。

---

❹ スピード違反

☐ **I got a ticket for speeding.**

スピード違反で切符を切られてしまった。

(表現ワンポイント)

この場合ticketは「違反の切符」のこと。get a ticketは「(コンサートなどの)チケットを手に入れる」という意味にもなります。「違反の切符を切られる」はget ticketedとも言います。

❺ 高速

☐ **I took the freeway because the regular roads were so crowded.**
一般道は混んでいたので高速道路を通りました。

(表現ワンポイント)

高速道路に「乗る」にはtakeを使いtake the freewayと言います。highwayは「主要道路」のことで、日本で言う「高速道路」ではありません。制限速度が時速60キロくらいのhighwayもあり、信号もあります。

---

❻ バッテリー

☐ **Oh, no. The battery is dead.**
うわっ、バッテリーが上がったよ。（電池が切れた）

(表現ワンポイント)

日本語では「電池」と「バッテリー」を使い分けますが、英語ではいずれもbatteryです。発音が［バレリー］のように聞こえるときもあります。電池やバッテリーが「切れている」はdeadを使います。

---

❼ パンク

☐ **I got a flat tire.**
タイヤがパンクした。

(表現ワンポイント)

「パンク」はflat tire［フラッタイァ］です。「ぺちゃんこの(flat)タイヤ(tire)」と発想します。主語はIの代わりにMy carでもOKです。

❽ 車検

□ **I had my car inspected last week.**

先週、車を車検に出しました。

(表現ワンポイント)

車検には inspect［インスペクトゥ］(検査する)を使います。inspect は欠陥がないかどうか詳しく点検することです。〈have ～ 過去分詞〉の形で、「～を…してもらう」という意味になります。

---

❾ ガソリン

□ **We are running out of gas.**

ガソリンがなくなってきたよ。

(表現ワンポイント)

「～がなくなる」は run out of ～で表します。run short of ～(～が不足する)とも言います。gas を主語にして Gas is running out. と言うこともできます。

---

❿ 停めてほしい

□ **Could you pull over in the middle of the next block?**

次のブロックの真ん中で停めてもらえませんか。

(表現ワンポイント)

「車を道のわきに寄せて止める」と言いたいときには pull over を使います。「～の真ん中に」は in the middle of ～です。in the middle of April (4月中旬に)のように時間にも使えます。

UNIT 9 ネイティブのように話そう
道路事情

話すためのヒント

朝夕のtraffic jamはどこも同じ

ラッシュアワーの道路事情は、日本もアメリカも同じで、高速道路での大渋滞も当たり前です。英語で「交通渋滞」はtraffic jam〔トゥ**ラ**フィッ(ク)**ジャ**ム〕、車が数珠つなぎになっている状態はbumper to bumper〔**バ**ンパートゥ**バ**ンパー〕で表します。

「駐車場」はparking lotですが、駐車場内で車を停めるスペースを表したい場合は、parking spaceを使います。混んでいる駐車場に入り、駐車スペースを探している最中に、誰かが車に戻ってきて乗り込もうとしているときにはAre you leaving?(出ますか)とたずねましょう。

CD-1 9

❶ 渋滞

□ **I was caught in a traffic jam.**
渋滞に捕まってしまって。

表現ワンポイント

traffic jamは「交通渋滞」。catch（捕まえる）の受身形を使い、交通渋滞に「捕まえられた」(be caught)と発想します。車が「数珠つなぎ」になっている様子はThe traffic is bumper to bumper.です。

❷ 交通事故

☐ **There must have been a traffic accident up ahead.**

この先で交通事故があったに違いない。

(表現ワンポイント)

「交通事故」はtraffic accidentです。accidentは「偶然の出来事」という意味でも使います。「先のほうで」は(up) ahead、「〜だったに違いない」は〈must have［マスタヴ］+ 過去分詞〉を使います。

---

❸ 工事中

☐ **The street is under construction.**

道路は工事中です。

(表現ワンポイント)

「〜中」のように動作の過程を示す場合はunder 〜を使います。例えば、under repairは「修理中」、under investigationは「調査中」、under considerationは「考慮中」です。

---

❹ 道路の閉鎖

☐ **Route 280 is closed because of the heavy snow.**

国道280号線は大雪のために閉鎖されています。

(表現ワンポイント)

「大雪」や「大雨」には「重い」という意味のheavyを用います。「国道〜号線」と言いたいときには、「道」「路線」「ルート」という意味のrouteを使います。

❺ 迂回する

□ **We have to take a detour.**
迂回しないといけませんね。

表現ワンポイント

「迂回路」「回り道」はdetour［ディートゥァ］です。「迂回する」の「する」に当たる動詞は、take a bus（バスに乗る）やtake the stairs（階段で行く）と同様にtakeを使いましょう。

---

❻ 一方通行

□ **This is a one-way street.**
ここは一方通行です。

表現ワンポイント

「一方通行」はone-way streetです。「両側通行」はtwo-way streetとなります。one-way streetの前にaを忘れないようにしましょう。

---

❼ 駐車場

□ **There's no parking lot in this area.**
このあたりに駐車場はありませんよ。

表現ワンポイント

「駐車場」はparking lotです。単にparkingと言う場合もあります。lotは土地の「一区画」「敷地」を意味します。empty lotと言うと「空き地」のことです。

❽ 歩道

□ **Be careful when you walk on the street with no sidewalks.**

歩道がない通りを歩くときは気をつけて。

(表現ワンポイント)

「歩道」は車道の横(side)にあるのでsidewalkです。sidewalkはアメリカ英語ですが、イギリスでは「歩道」はpavement [ペイヴメントゥ] と言います。paveは「舗装する」という意味です。

---

❾ 有料の橋

□ **You have to pay a toll to cross this bridge.**

この橋を渡るには料金を払わなければなりません。

(表現ワンポイント)

tollは道路の「通行料金」や電話の「使用料」のことです。アメリカの多くの高速道路や橋は無料ですが、時折、手前にtoll gate(料金所)があります。「フリーダイヤル」は和製英語。英語ではtoll freeと言います。

---

❿ レッカー移動

□ **If you leave your car here, chances are it'll be towed away.**

ここに車を停めていたら、たぶんレッカー移動されるよ。

(表現ワンポイント)

(the) chances areは「おそらく〜だろう」「ひょっとしたら〜」という意味で使います。tow away [トウアウェイ] は「レッカー車で引っぱる」ことです。

UNIT 10 ネイティブのように話そう
道を教える

話すためのヒント

キーワードを覚えれば道案内は簡単！

　海外からの訪問客が増えてきている中、英語で道をたずねられることも多くなっています。道に迷っている外国の人に気づいたら、May I help you?(お困りですか)と積極的に声をかけてあげましょう。

　「この通りをまっすぐ行く」はgo straightやgo down this street、「右(左)に曲がる」はturn right (left)です。corner(角)、intersection(交差点)、T-junction (T字路)、crosswalk(横断歩道)、railroad crossing(踏切)、traffic light(信号)など、交通に関する語句を知っておくと便利です。

CD-1 10

---

❶ 曲がる

☐ **Turn right at the next corner.**

次の角を右に曲がってください。

表現ワンポイント

「曲がる」はturnを使います。「右に曲がる」はturn to the right、またはmake a rightとも言えます。「次の角で」の「で」に当たる単語は、場所を表すatを使いましょう。

❷ まっすぐに

□ **Walk straight till you get to the intersection.**
交差点に着くまでまっすぐ歩いてください。

表現ワンポイント

「まっすぐ歩く（行く）」はwalk（go）straightです。「交差点」はintersection［インター**セ**クシュン］です。続けてYou can't miss it.（必ず見つかりますよ）などと言ってあげましょう。

❸ 左側にある

□ **You'll see it on your left.**
それは左側にありますよ。

表現ワンポイント

「左側（右側）に」と言う場合は、まずleft（左）/ right（右）の前にtheではなくmyやyourなどの所有格を使うということに注意しましょう。また、「に」に当たる単語はatやforではなくonを使います。

❹ 過ぎてすぐ

□ **The music shop is just past the luggage store.**
楽器店はかばん屋を過ぎてすぐのところです。

表現ワンポイント

pastは「〜を通り過ぎて」という意味で使います。He is past thirty.（彼は30歳を超えている）のように、「場所」だけでなく「年齢」にも使うことができます。

❺ 奥のほう

□ **It's all the way in the back.**
それはいちばん奥にあります。

表現ワンポイント

「奥」は後ろの方ですから、backでOKです。「奥に」は、中に入って行くイメージなのでinを使います。all the wayは「全ての道のり」、つまり「ずっと」「はるばる」という意味です。

---

❻ 遠い

□ **It's quite a ways away.**
かなり遠いですよ。

表現ワンポイント

「遠い」はfar［ファー］ですが、距離を強調してquite a ways away［クワイラ**ウェ**イザ**ウェ**イ］とかa long way away［アロング**ウェ**イア**ウェ**イ］と言うこともできます。waysの前にaが付くので注意です。

---

❼ タクシーがお勧め

□ **I'd suggest you take a taxi.**
タクシーで行くことをお勧めします。

表現ワンポイント

「〜したほうがいいですよ」と丁寧に言うときには〈I'd suggest 主語＋動詞.〉が便利です。動詞には原形を使うので、3人称単数のsを付けないように注意。suggestは「提案する」という意味です。

❽ 角を曲がって

☐ **The supermarket is just around the corner.**

スーパーは角を曲がったところです。

表現ワンポイント

just around the corner は「ちょうど角を曲がったところ」ですから「すぐ近く」というイメージがあります。Spring is just around the corner. とすれば「春はもうすぐそこまで来ている」となります。

---

❾ 向かい側

☐ **It's across the street from the bookstore.**

それは本屋の向かい側です。

表現ワンポイント

「向かい側」は「通りを横切ったところ」と捉え across the street from ～で表します。cross the street（通りを横切る）のように、cross ～は「～を横切る」という動詞、across ～は「～を横切って」という前置詞です。

---

❿ はす向かい

☐ **The restaurant is kitty-corner from the jewelry store.**

レストランは宝石店のはす向かいです。

表現ワンポイント

「～のはす向かい」「～の斜め向かい」は kitty-corner from ～で表します。diagonally［ダイアガナリー］（斜めに）を使って、diagonally across (the street) from ～と言うこともできます。

Teddy's Special ❷

There's always room for dessert.

［デァズ**オー**ウェイズ**ルーム**フォディ**ザー**トゥ］

デザートは別腹よ。

　私がサンフランシスコに住んでいた頃、アメリカ人の甘党女子と一緒に外食していたときの、彼女の決まり文句がコレ。日本語の「別腹」はdifferent stomachでは通じません！

　roomは「部屋」という意味でよく使いますが、「空間」や「余地」という意味でもあります。お腹に「デザート用の空間がある」ということですね。甘いものを目の前にして、彼女のもうひとつの口癖は、I can't resist!（食べた〜い！［もう我慢できない！］）でした。

Chapter 3

食事で話す

UNIT 11〜UNIT 15

CD-1 11 〜 CD-1 15

UNIT 11 ネイティブのように話そう
食事する①

話すためのヒント　レストランでは定番表現が活躍！

英語のメニューを読んだり、英語で注文したりすることはなかなか厄介だと思う人も多いでしょう。しかし、例えば、レストランでの接客係との会話には、ある程度決まった形があります。I'd like to have ～.（～をお願いします）やCan I have ～ to go?（～を持ち帰りできますか）など、定番表現を覚えておけば、ほとんどの場面で対応できます。

予約を入れるフレーズや、レストランで一緒に食べる人との会話も一緒に覚えておきましょう。

CD-1 11

❶ 外で食べる

□ **Why don't we eat out tonight?**
今夜は外食にしない？

表現ワンポイント

提案はWhy don't we ～?で表します。「私たちはなぜ～しないの？」、つまり「～しようよ」ということです。Let'sと同じように使えます。「外食する」はeat outです。Sounds great!（いいね！）などと返します。

❷ 食べたいもの

□ **What would you like** to eat for dinner?

夕食には何を食べたい？

表現ワンポイント

What would you like to ～? は What do you want to ～?(何を～したいですか)の丁寧な言い方です。例えば、You name it.(君が決めて)と返してみましょう。

---

❸ おごる

□ I'll **treat** you **to** dinner.

夕ご飯をおごるよ。

表現ワンポイント

treatには「おごる」という意味があります。treat you to lunch (あなたに昼食をおごる)のように〈treat 人 to ～〉の形で使います。treatを名詞として My treat.(僕のおごりです)と言うこともできます。

---

❹ 予約する

□ I'd like to **make a** dinner **reservation** for tomorrow night.

明日の夜、夕食の予約を取りたいのですが。

表現ワンポイント

電話で予約を取るときの表現です。レストランなどの「予約」はreservation［レザ**ヴェイ**シュン］です。動詞には基本動詞makeを使います。

❺ 席を指定

☐ **Can we get a table by the window?**

窓側の席は空いていますか。

(表現ワンポイント)

byにはいろいろな意味がありますが、この場合は「〜のそば」です。レストランのステージでentertainment（音楽などの催し物）がある場合は、a table by the stageが空いているかたずねてみましょう。

---

❻ 相手の意向を聞く

☐ **What are you going to have?**

あなたは何にする？

(表現ワンポイント)

be going to 〜は「〜するつもり」という予定を表します。この場合、同席している友だちや家族に「君は何を注文するつもり？」という意味で使います。例えば、I'll have a lasagna.（ラザニアにするよ）と返します。

---

❼ 注文する

☐ **I'd like to have the lunch special.**

ランチセットをお願いします。

(表現ワンポイント)

食べ物や飲み物を注文する言い方は、I'd like to have 〜 . やCan I have 〜?が便利です。「持ち帰り」の注文の場合はto goを文末に付けて、Can I have a cheeseburger to go?となります。

❽ 店のおすすめ

□ **What do you recommend?**
おすすめは何ですか。

表現ワンポイント

メニューの内容にあまり詳しくなく、何を注文したらいいかわからないときに使える便利な表現です。recommend [レカ**メ**ンドゥ] は「推薦する」「薦める」という意味です。

❾ 料理を決める

□ **I'll go along with that.**
それにします。

表現ワンポイント

go along with ～は「賛成する」「同調する」という意味です。例えば、おすすめ料理の説明を聞いた後、「あなたのおすすめに賛成します」、つまり、「じゃあ、それをお願いします」と言いたいときに便利です。

❿ 飲み物

□ **Can we have two orange juices?**
オレンジジュースを2ついただけますか。

表現ワンポイント

What would you like to drink?（お飲み物は何にいたしますか）の返事として使います。液体は通常複数にはしませんが、飲み物を注文するときには複数形は大丈夫です。「お水でけっこうです」はWater is fine. です。

UNIT 12 ネイティブのように話そう
食事する②

話すためのヒント

doggy bagとチップのマナー

アメリカでは、Can I have a box for this?と言って、食べ物の残りを持って帰る人がよくいます。boxの代わりにdoggy bag（ペットの犬用の袋）と言う場合もあります。「残り物を自分のために」と言うのがはばかられて、「犬に持って帰るので」と言うわけです。

ウエイターやウエイトレスにはチップを置く（leave the waiter a tip）習慣があります。食べた料金の約15％が原則です。ウエイターやウエイトレスはお店からはお給料をあまりもらえず、チップで稼いでいる場合もあります。

CD-1 12

---

❶ サラダ

☐ **Does it come with salad?**

サラダは付いていますか。

表現ワンポイント

comeは「来る」という意味だけでなく、「姿が現れる」という大きなイメージで捉えます。この場合、「注文した品はサラダと一緒に現れるのか」ということです。

❷ 料理が違う

□ **This is not what I ordered.**

これは注文したものと違います。

表現ワンポイント

注文した品と違うものが間違って持ってこられたときに言うひと言です。Excuse me, but(すみませんが)を前に付け加えると丁寧になります。what Iはつながって [ワライ] のように聞こえます。

---

❸ おいしい

□ **Everything tastes great!**

全部おいしいです。

表現ワンポイント

アメリカでは、食事中にウエイターやウエイトレスがよくテーブルを回りIs everything okay?と聞いてくるので、それに返すひと言です。The soup is delicious. やThe chicken is very tasty. などと言いましょう。

---

❹ 食事中です

□ **I'm still working on it.**

まだ食べています。

表現ワンポイント

May I take that for you?(お皿をお下げしましょうか)とたずねられたときに返す表現です。work on ～は「～に取り組む」、つまり、この場合「まだ食事に取り組んでいる」ということです。

❺ メニュー

☐ **May I see the desert menu?**
デザートのメニューを見せてもらえませんか。

(表現ワンポイント)

May (Can) I have 〜?（〜をいただけませんか）は、何かをもらって自分のものにしたいときに使います。メニューは見せてもらうだけなので、May I see 〜? のほうがベターです。

---

❻ おかわり

☐ **Can I have another cup of coffee?**
コーヒーのおかわりをいただけますか。

(表現ワンポイント)

another cupは「もう一杯」、つまり「おかわり」のことです。この場合、some more coffeeでもOKです。基本的に、温かい飲み物にはcup、冷たい飲み物にはglassを用います。

---

❼ お腹いっぱい

☐ **Oh, I'm stuffed.**
ああ、もうお腹いっぱい。

(表現ワンポイント)

I'm full. のカジュアルな表現です。stuffは「〜を詰め込む」なので、受身形にして「私（のお腹）は詰め込まれている」→「お腹いっぱい」となります。I'm hungry.（お腹が減った）のカジュアル表現はI'm starving.です。

❽ 持ち帰る

□ **Can I have a box for this?**

持ち帰りの箱をいただけますか。

表現ワンポイント

残り物を持ち帰りたいときには、「箱をください」と言うだけで大丈夫です。Could you wrap it up for us?(包んでもらえませんか)とも言えます。その場合、wrap it upは[ラッピラッ(プ)]と発音します。

---

❾ 割り勘

□ **Let's split the bill.**

割り勘にしよう。

表現ワンポイント

「おごる」はtreatでしたね。逆に「割り勘にする」はsplit the billです。「請求書(bill)を割る(split)」と発想します。Let's pay separately.(別々に支払いましょう)とも言えます。

---

❿ お勘定

□ **Check, please.**

お勘定をお願いします。

表現ワンポイント

アメリカをはじめ海外では、レジではなくテーブルで支払うのが一般的です。ウエイターを呼んで伝票(check)を持って来るようにお願いするひと言です。Can I have the check, please?とも言います。

UNIT 13 ネイティブのように話そう
料理をする

話すためのヒント　お決まり表現を使いこなそう

　料理（cooking）に関する表現はさまざまです。cook〔**ク**ック〕も「料理する」という動詞でありながら、「料理人（コックさん）」という名詞でもあります。dishも「お皿」のほかに、「料理」という意味もあります。

　道具では「浅い鍋」はpan、「深い鍋」はpotです。oven（オーブン）は〔**ア**ヴン〕と発音します。「日本料理」はJapanese cuisine〔クウィ**ズィ**ーン〕、「料理学校」はculinary〔**カ**リネリー〕schoolです。

CD-1 13

❶ 湯を沸かす

□ **Boil** some water in the pan.
鍋でお湯を沸かしなさい。

表現ワンポイント
お湯を「沸かす」はboil〔**ボ**ィォ〕です。boilは「ゆでる」という意味でも使うので、「ゆで卵」は「ゆでられた卵」と発想しboiled eggと言います。

❷ 温める

□ **Heat** it **up**.

それを温めて。

表現ワンポイント

「温める」はheat ~ upを使いましょう。Heat it up.の発音は［ヒーリ**ラ**ップ］と聞こえます。「オーブンで温めて」はJust put it in the oven. とも言えます。

❸ 素材

□ **It has a lot of ingredients**.

いろんな材料が使われているよ。

表現ワンポイント

料理に使われている材料はingredientsです。通常複数で表します。haveは「持っている」だけではなく、「一緒に存在する」というイメージの動詞です。「それはたくさんの材料が一緒に存在する」と発想します。

❹ 焼く

□ **Fry** the meat.

肉を焼いて。

表現ワンポイント

fryは油を使って加熱調理することなので、「焼く」「炒める」「揚げる」の意味で使います。「揚げる」はdeep-fryとも言います。roastは「(肉をオーブンで)焼く」「あぶる」という意味です。

❺ 切る

□ **Chop up** the onion.

玉ねぎをぶつ切りにして。

(表現ワンポイント)

「切る」にはよくcutを使いますが、「ぶつ切りにする」はchop（up）とも言えます。「角切りにする」はcut（chop）〜 into chunks（cubes）、「せん切りにする」はcut 〜 into fine stripsです。

---

❻ 皮をむく

□ **Peel** the apple.

リンゴの皮をむいて。

(表現ワンポイント)

「（リンゴやたまねぎの皮などを）むく」はpeel［ピーォ］を使います。「皮むき器」のことは「ピーラー」(peeler)です。

---

❼ 鍋に入れる

□ **Put** everything together in the pot.

全部一緒に鍋に入れてください。

(表現ワンポイント)

基本動詞putは「置く」とよく訳しますが、「移動させて位置づける」というイメージの動詞です。「すべてを（everything）一緒に（together）位置づける」、つまり「全部一緒に入れる」ということです。

❽ かき混ぜる

Give it a stir.
かき混ぜて。

表現ワンポイント

stirには動詞と名詞の用法があります。この場合は名詞で、基本動詞give を使い「かき混ぜを与える」、つまり「かき混ぜる」という意味です。stir it (up)とも言えます。

---

❾ 火加減

Lower the heat.
火の強さを落として。

表現ワンポイント

lower［ロゥワー］はlow(低い)の動詞形です。heatは「熱」、この場合「火の強さ」ということになります。lowerの反意語はraise［レイズ］です。lowerはlowの比較級(より低い)でもあります。

---

❿ 調理時間

Let it cook for about 15 minutes.
だいたい15分くらい調理してください。

表現ワンポイント

let ～ cookは「～を調理する」ということです。〈let + 目的語 + 動詞の原形〉の形で「～を…させておく」、つまり、例えば「(なべに火をつけたまま)煮込む・待つ」という意味です。

UNIT 14 ネイティブのように話そう
味わう

話すためのヒント

味覚はspicyなど形容詞を使おう

食事の会話では、sweet（甘い）やspicy（辛い）など、味覚を表す形容詞をたくさん知っておくと、表現の幅が広がります。他にもsour［**サ**ゥアー］（すっぱい）、bitter（にがい）、flat（気が抜けている）など、どんな食べ物、飲み物がどの形容詞とともによく使われるのかを覚えておきましょう。

日本語では、「辛い」はスパイスの辛さと塩辛さの両方に使いますが、英語では、前者にはspicyやhot、後者にはsaltyのように使い分けます。「濃い」も、例えば、スープにはthick、コーヒーにはstrongを使います。

---

❶とてもおいしい

□ **This is so delicious! You're such a good cook!**

これ、とてもおいしい！　お料理が上手ですね！

表現ワンポイント

delicious［ディ**リ**シャス］（おいしい）は、手料理を振る舞われたり、レストランで食べたときなどに使う褒め言葉です。お菓子やおつまみなどに対して言うと大げさに聞こえるので、goodやgreatを使いましょう。

❷ 甘い

☐ **This hot chocolate is too sweet for me.**

このココアは私には甘すぎます。

> 表現ワンポイント
>
> 「甘い」はsweet［ス**ウィ**ートゥ］です。［スイート］にならないようにwの音を口を丸めてしっかり発音しましょう。too ～は「～すぎる」、hot chocolate（ココア）は［ハッ**チョ**コリッ］のように発音します。

❸ 辛い

☐ **Do you like spicy food?**

辛い料理は好き？

> 表現ワンポイント
>
> スパイス（spice）が効いた辛さはspicy［ス**パ**イスィー］で表します。塩（salt）の辛さはThe food was kind of salty.（料理は何となくしょっぱかったです）のようにsalty［**ソ**ルティー］を使いましょう。

❹ 濃い

☐ **I like strong coffee.**

濃いコーヒーが好きです。

> 表現ワンポイント
>
> コーヒーが「濃い」には、「強い」という意味のstrongを使います。逆に「薄い」は「弱い」という意味のweakです。スープが「濃い」にはthick、「薄い」にはthinや「水っぽい」という意味のwateryを使います。

❺ 苦い

□ **It has a bitter taste.**
苦い味がします。

表現ワンポイント

「苦い」はbitterです。ビールやチョコレートの苦さにも使います。bitter experience(つらい経験)のように「つらい」という意味でもあります。

---

❻ 酸っぱい

□ **This apple is sour.**
このリンゴは酸っぱいです。

表現ワンポイント

リンゴやブドウなど、果物の酸っぱさによく使います。「酢豚」のことはsweet and sour pork(甘酸っぱいポーク)と言います。

---

❼ 気が抜けた

□ **This coke is flat.**
このコーラは気が抜けています。

表現ワンポイント

コーラなどの炭酸飲料(carbonated beverages)やビールの「気が抜けている」ことはflatで表します。タイヤがパンクして「空気が抜けている」状態もflatです。同じイメージで覚えておきましょう。

❽ 伸びた

□ **These udon noodles have gotten soggy.**

うどんが伸びちゃった。

(表現ワンポイント)

食べ物が「湿気ったり柔らかくなったりした」状態はsoggy [**ソ**ギー] と言います。麺類であれば伸びた状態です。パンなどが古くなって固くなった状態はstale [ス**テ**イォ] です。

---

❾ 柔らかい

□ **The steak we had was so tender.**

私たちが食べたステーキはとても柔らかかったです。

(表現ワンポイント)

肉の柔らかさにはtender [**テ**ンダー] を使います。「固い」にはtough [**タ**フ]、飲み込む前になかなか噛み切れない状態にはchewy [**チュ**ーウィー] を使います。

---

❿ カリカリした

□ **I love crispy fried chicken.**

カリカリしたフライドチキンがとても好きです。

(表現ワンポイント)

crispy [ク**リ**スピー] は、フライドチキンやベーコン、タコスのシェル、野菜など、「カリカリ」「パリパリ」の状態を表します。crisp [ク**リ**スプ] lettuceは「シャキシャキのレタス」です。

UNIT 15 ネイティブのように話そう
お酒を飲む

話すためのヒント

「二日酔い」はhangover

「お酒を飲む」はdrink alcohol［**ア**ォカホーォ］（アルコールを飲む）です。He drinks a lot.（彼は大酒飲みだ）のように、drinkだけでも「お酒を飲む」という意味で使います。

whiskey and water（ウィスキーの水割り）やbourbon on the rocks（バーボンのロック）など、自分がよく注文しそうなお酒を覚えておきましょう。hangover（二日酔い）やbeer belly（ビール腹）やbooze habit（酒癖）などは、ネイティブがよく使うカジュアルな表現です。

---

❶ お酒に誘う

☐ **How about a drink?**
一杯どう？

表現ワンポイント

a drink（一杯）と言えば「お酒」のことを指します。日本語でも「一杯やろう」と言えばお酒を意味しますね。How about ～？は「～はいかがですか」と人に何かを勧める表現です。

❷ ワイン

□ **I'd like a glass of red wine.**
赤ワインを一杯お願いします。

表現ワンポイント

グラスワインや冷たい飲み物にはa glass of ～を使います。暖かい飲み物にはa cup of ～を用います。I'd like (to have) ～. は、「～をいただきます」と、注文したり食べ物や飲み物を勧められたりしたときの表現です。

---

❸ ウィスキー

□ **I'll have a whisky and water.**
ウィスキーの水割りをいただきます。

表現ワンポイント

「ウィスキーの水割り」はwhisky and water [**ウィ**スキーアン**ワ**ーラー] と、andを小さく、3語続けて発音します。「スコッチのソーダ割り」はscotch and soda [ス**カ**ッチアン**ソ**ウダ] です。

---

❹ ロックで

□ **Let me have a bourbon on the rocks.**
バーボンをロックでください。

表現ワンポイント

お酒の「ロック」は～ on the rocksです。rockにsを付けて複数にしましょう。Let me have ～. もI'll have ～. やI'd like (to have) ～. と同様、注文するときに便利な表現です。

❺ カクテル

□ **What kind of cocktails do you have?**

どんなカクテルがありますか。

表現ワンポイント

cocktail（カクテル）は［**カ**クテイォ］のように発音します。どんな種類があるかをたずねるときにはWhat kind of ～?を使いましょう。kindは「種類」という意味です。

---

❻ ソフトドリンク

□ **I don't drink much. Do you have soft drinks?**

私はお酒はあまり飲みません。ソフトドリンクはありますか。

表現ワンポイント

お酒を勧められたけれども、あまりアルコールを飲まない人は遠慮なくこう言いましょう。アルコールが入っていない飲み物はsoft drinksです。something to drinkもノンアルコールを意味します。

---

❼ 乾杯

□ **Here's to your heath!**

あなたの健康を願って乾杯！

表現ワンポイント

パーティーなどの席で「～を願って乾杯！」とお祝いの声をあげたいときは、Here's to ～!です。お互いに「乾杯！」という場合は、Cheers!［**チ**ァーズ］と言いましょう。

❽ 乾杯の音頭

□ **Let's make a toast to your bright future.**

あなたの明るい未来に乾杯しましょう。

表現ワンポイント

toast［**トゥ**ストゥ］も「乾杯」の意味があります。「～に乾杯する」はmake a toast to ～と言います。「一気に飲んで！」はBottoms up!［ボトムザッ（プ）］やChug it!［**チャ**ギッ（トゥ）］があります。

---

❾ 二日酔い

□ **I have a hangover.**

二日酔いです。

表現ワンポイント

hangover［**ハン**ゴウヴァ］は「二日酔い」のことです。I have a fever.（熱があります）と同じように、基本動詞haveを使い、その状態を表します。

---

❿ 飲酒運転

□ **If you drink, don't drive.**

飲んだら運転しないようにね。

表現ワンポイント

Don't drink and drive. とも言います。If youは［イフュー］とつながり、don'tのtの音は消えがちです。drinkとdriveのdrはひとつの音のようにすばやく発音します。

Teddy's Special ❸

Look at you!

［**ル**カッチュー］

あら、あなたステキ！

　文字通りだと、「あなたを見てごらん！」となりますが、実は、「ステキよ！」とか「いや～、見違えるようだよ！」と相手を褒めるひと言です。他にも、例えば、難しい作業が上手くいったときに、「君、やるじゃない！」という意味でも使えます。場合によっては「なんだ、そのありさまは！」とけなす表現にもなります。アメリカの小児科で、看護師さんが赤ちゃんを抱きかかえて、Look at you!（まあ、可愛らしい！）と言いながらあやしていたのを思い出します。

Chapter 4

仕事をする

UNIT 16～UNIT 20

UNIT 16 ネイティブのように話そう
オフィス①

話すためのヒント

all tied up は「手が離せない」

オフィスでは仕事に追われる忙しい日々を過ごします。busy［ビズィー］（忙しい）は、仕事の会話では頻繁に使う単語です。busyの代わりにI have a lot of work on my hands.（たくさん仕事を抱えている）やI'm all tied up.（手が離せない）などを使い、非常に忙しいさまを表すこともできます。

「コピーをとる」はmake a photocopy of ～の代わりにxerox ～と言うことも可能です。Xerox（ゼロックス）は本来、商標ですが、xeroxと小文字にすると「コピーする」という意味になります。

CD-1
16

❶ 仕事がいっぱい

□ **I have a lot of work on my hands.**
抱えている仕事がたくさんあります。

表現ワンポイント

「私の手の上にたくさんの仕事がある」→「たくさん仕事を抱えている」となります。workは「仕事」という意味では数えられない名詞なので、冠詞のaや複数のsを付けません。「作品」という意味では数えられます。

❷ 忙しい

□ **I'm all tied up at the moment.**
今、忙しくて手が離せません。

(表現ワンポイント)

tie [**タイ**] は「結ぶ」、tie upとすると「縛る」というイメージになります。all tied upは「すべて縛りつけられている」、つまり「身動きが自由に取れないくらい多忙だ」ということです。

---

❸ 残業する

□ **I have to work overtime today.**
今日は残業しないといけません。

(表現ワンポイント)

英語に「残業」という名詞はありません。work overtime（時間外に働く）が「残業をする」ことです。overは [オーバー] と伸ばさずに [**オ**ウヴァ] のように発音しましょう。

---

❹ 出社していない

□ **He's not in today.**
彼は今日は出社していません。

(表現ワンポイント)

会社に出てきていることをinと言います。「彼は今、ちょっと席をはずしています」は、He's just stepped out. と言ってみましょう。notとinはつながって、[ナ**リ**ン] のように発音します。

❺ 休暇中で

□ **She's on leave today.**
彼女は今日は休暇です。

表現ワンポイント

leave［**リ**ーヴ］は「休暇」です。「休暇中」はon leaveとします。「年次休暇」はannual leave、「病気休暇」はsick leave、「育児休暇、産休」はmaternity leave、「父親の産休」はpaternity leaveです。

---

❻ 昼食で

□ **She's out to lunch.**
彼女は昼食に出ています。

表現ワンポイント

「お昼休みを取っています」はout to lunchがいちばん簡単です。文字通り「外に出て昼食へ行っている」ということです。She'll be back by one o'clock.（1時までには戻ります）などと付け加えましょう。

---

❼ 翻訳してほしい

□ **Can you translate this email into English?**
このメールを英語に訳してもらえますか。

表現ワンポイント

「翻訳する」はtranslate［トゥ**ラ**ンスレイ（トゥ）］です。「～語に」にはinto ～を使います。「メール」は英語ではemailとeを付けましょう。mailだけだと「郵便」という意味になります。

❽ コピー

□ **Could you make a photocopy of this?**

これをコピーしてもらえませんか。

表現ワンポイント

「コピーをとる」は基本動詞 make を使い、make a photocopy とします。copy だけだと「書き写す」という意味でも使います。xerox［ズィーロックス］を使い、Could you xerox this? でも OK です。

---

❾ 納期を聞く

□ **How soon do you need to get it done?**

それをいつまでにやってしまわないといけないのですか。

表現ワンポイント

how soon は「今を基準にどのくらい早い時期に」という意味です。〈get ～過去分詞〉の形で、「～を…される」「～を…してもらう」となります。

---

❿ 退社のあいさつ

□ **See you tomorrow.**

お疲れさまでした。

表現ワンポイント

一日の仕事が終わって、お別れの言葉として日本語で言う「お疲れさまでした」は、See you tomorrow.(明日また会いましょう)で OK。週末であれば Have a nice weekend.(よい週末を)と言ってみましょう。

UNIT 17 ネイティブのように話そう
オフィス②

話すためのヒント

do me a favorはオフィスで必須

オフィスでは業務を依頼することがよくあります。Could you do me a favor?(お願いがあるのですが)で切り出したり、Can you ～?やWould you please ～?で具体的に依頼できます。また、Would you mind ～ing ?も丁寧な依頼の表現ですが、mindは本来「気にする」という意味なので、引き受けるときにはNot at all.［**ナーラー**ロォ］(全然気にしませんよ)と答えましょう。

他にも、be transferred(転勤する)、on business(商用で)、take a break(休憩する)など、仕事で頻繁に使う表現をおさえておきましょう。

❶ 調べてほしい

☐ **Would you mind checking on that right away?**

それについてすぐに調べていただけませんか。

表現ワンポイント

Would you mind ～ing?は、「～してくださいませんか」と相手に丁寧に依頼する表現です。「～について調べる」はcheck on ～です。right away(今すぐに)は［ライラ**ウェイ**］のように発音します。

❷ 進行状況

□ **How's your new project coming along?**

新しい企画の進み具合はどうですか。

表現ワンポイント

基本動詞 come は「来る」という日本語のイメージではなく、「到達点に近づく」と考えましょう。この場合、視点は新しい企画が徐々に進んで最終的にでき上がる時点にあるので、「進み具合」ということになります。

---

❸ 上司に相談

□ **Let me talk to my boss first.**

まず上司に相談させてください。

表現ワンポイント

「〜させてください」は〈Let me + 動詞の原形〉です。talk to 〜、speak to 〜は「〜に話をする」です。「まず」は first（最初に）で OK。「〜に電話をおつなぎします」は Let me put you thought to 〜. です。

---

❹ 出張

□ **I'll go to Okinawa on business next week.**

来週は沖縄に出張します。

表現ワンポイント

「仕事で」は on business、「休暇で」は on vacation です。仕事で「来週は市内に（近くに）おりません」と言いたければ、I'll be out of town next week. と、out of town（街から外に）を使えます。

❺ 休憩

□ **Shall we take a break?**
休憩しましょうか。

(表現ワンポイント)

breakは「急に今までの状態を断つ」というイメージを持つ単語です。「仕事の連続の状態を断つ」、つまり「休憩」です。take a rest（休息をとる）とも言います。

---

❻ 昇進

□ **I got promoted.**
私は昇進しました。

(表現ワンポイント)

promoteは「～を昇進させる」という意味です。「昇進する」は受身形でbe promoted、get promoted（昇進させられる）とします。「昇給しました」は、I got a raise. です。

---

❼ 転勤

□ **I'll be transferred to our Yokohama office.**
横浜支社に転勤になります。

(表現ワンポイント)

「転勤する」と言いたい場合は、transfer（～を転勤させる）の受身形（be transferred）を使い「私は転勤させられる」と発想します。他にも「転校する」「移籍する」などに使えます。

❽ 新しい仕事

□ **How do you like your new job?**
新しい仕事はどうですか。

表現ワンポイント

「~はどうですか」とたずねるときはHow do you like ~?(~はどのくらい気に入っていますか)を使います。I like it a lot.(とても気に入っています)やI'm enjoying it.(楽しんでいます)などと答えることができます。

❾ 担当者

□ **Who's in charge of this project?**
誰がこのプロジェクトの担当ですか。

表現ワンポイント

Who'sはWho isの短縮形です。「~の担当だ」「~の係だ」はin charge of ~で表します。「責任者」のことはa person in chargeと言います。

❿ お使い

□ **Could you take this document to the Personnel Division?**
この書類を人事課に持って行ってもらえませんか。

表現ワンポイント

personnel [パーソネォ] は「職員」という意味です。personal [パーソナォ](個人的な)と混同しないように注意しましょう。「企画課」はPlanning Division、「総務課」はAdministration Divisionです。

UNIT 18 ネイティブのように話そう
会議をする

話すためのヒント 率直に自分の意見を言おう

　会議の場面において、ハーモニーがモットーの日本では、反対意見を公然と述べることは控える場合も多いですね。しかし、違った意見があるのは当たり前という考え方のアメリカでは、会議では率直な意見(honest opinion)が飛び交います。
　agenda(議題)やminutes(議事録)、conference(大きな会議)、suggestion(提案)、decision(決定)など、会議でよく使う言葉も覚えておくと、スムーズに発言することができるでしょう。

CD-1
18

---

❶ 議題

□ **What is the agenda for today's meeting?**

今日の会議の議題は何ですか。

表現ワンポイント

agenda［アジェンダ］は「議題」のことです。agendumの複数形ですが、複数形のagendaを使うことが多く、通常、単数扱いです。

❷ 議事録

□ **Can I ask somebody to take the minutes?**

誰か議事録を取ってもらえませんか。

表現ワンポイント

「議事録」はminutes［ミニッツ］です。「分」のminuteの複数形とつづりも発音も同じです。take notes（ノートを取る）と同様、議事録を「取る」も基本動詞takeを使います。

❸ 最初の議題

□ **Let's discuss the budget plan first.**

まず、予算案について話し合いましょう。

表現ワンポイント

discussは「～について話し合う」の意味で、後ろにaboutは不要です。「予算」はbudget［バジットゥ］、「予算を立てる」はplan a budget、「次年度の予算案」はthe budget plan for the next fiscal yearです。

❹ 意見を求める

□ **I'd appreciate your honest opinions.**

忌憚（きたん）のないご意見をいただけたら幸いです。

表現ワンポイント

honest opinionは「正直な意見」、つまり「忌憚のない（遠慮のない）意見」です。「～であれば幸いです」は、I'd appreciate ～.を使います。「率直に申し上げてもよろしいですか」はMay I speak candidly?です。

87

❺ 説明を求める

□ **Please give us some more details.**

もう少し詳しく説明してください。

表現ワンポイント

detail［ディーテイォ］は「詳細」という意味で、複数形で頻繁に使います。［ディテイォ］と発音することもあります。基本動詞giveを使うところがポイントです。

---

❻ 提案を求める

□ **Are there any suggestions?**

何か提案はありますか。

表現ワンポイント

「提案」はsuggestion(s)です。「～がある」はthere is (are) ～なので、それを疑問文にした形です。Do you have any suggestions?と、haveを使うことも可能です。

---

❼ 別の意見

□ **You may be right, but I have a different opinion.**

おっしゃる通りかもしれませんが、私は別の意見を持っています。

表現ワンポイント

いきなり反対意見を述べるのではなく、「あなたは正しい(right)かもしれない(may be)」などと、相手の意見にも敬意を払いましょう。「異なる意見を言う」はgive a different opinionと、giveを使います。

❽ 本題に戻す

□ **We're getting a little off track.**

少し話が脱線しています。

表現ワンポイント

trackは「線路」のことです。offは「はずれて」「離れて」というイメージで、日本語と同様、「脱線する」という比喩的な表現です。We're getting off the point.（要点からずれている）とも言います。

---

❾ 決断する

□ **We have to make a decision soon.**

そろそろ決断をしなければなりません。

表現ワンポイント

decision（決定）と一緒に使う基本動詞はmakeです。make a decisionをひとかたまりで覚えておきましょう。「感情的な決断をしてはいけない」と言いたければ、Don't make an emotional decision.です。

---

❿ 会議の予定

□ **The next meeting will be held at two.**

次の会議は2時からです。

表現ワンポイント

会議を「開く」にはholdを使いましょう。「会議は開かれるだろう」と未来の受身形（will be held）にします。会議を「延期する」はpostpone［ポウストゥ**ポウン**］、「中止する」はcancel［**キャンソォ**］です。

UNIT 19 ネイティブのように話そう
訪問する

話すためのヒント
訪問する・される双方の会話を知っておこう

　会社を訪問したときには、まずアイコンタクトをとって笑顔であいさつするのが基本です。Hello. やGood morning. で始めて、I'm ～. と名乗った後、I'd like to see ～. (～さんにお会いしたいのですが)と続けます。訪問を受けた側は、Let me check if he's available. (彼が空いているか確認してみます)とかShe's expecting you. (お待ちしておりました)などと応対します。

　よく使う「ご用件は何でしょうか」にはMay I help you?、How may I help you?、What can I help you with?、What can I do for you? などの言い方があります。

---

❶ 名前を告げる

□ **Good morning. I'm Terada of MK Electronics.**

おはようございます。エムケイ電子の寺田と申します。

(表現ワンポイント)
仕事先の受付で、社名と自分の名前を告げる場合は、I'm ～. です。〈of + 会社名〉で「～社の」となります。電話ではI'mの代わりにThis is ～ (speaking). を使いましょう。

❷ 受付で

□ **I have an appointment** to see Mr. Bream at one.

1時にブリームさんにお会いする約束をしています。

> 表現ワンポイント
>
> 「人と会う約束」「アポ」はappointmentです。I have a ten-thirty appointment to see 〜.(10時半に〜と会う約束をしています)と言うこともできます。「会う約束をする」はmake an appointmentです。

❸ 部署の場所

□ **Could you tell me** where the Sales Department is?

営業部はどちらか教えていただけませんでしょうか。

> 表現ワンポイント
>
> Where is the Sales Department?でもOK。Could you tell meやDo you knowなどを文頭に付けると、whereの後ろは主語・動詞の順に戻ります。It's on the sixth floor.(6階にあります)などと答えます。

❹ 案内する

□ **This way**, please.

こちらへどうぞ。

> 表現ワンポイント
>
> 「こちら」はthis way、「あちら」はthat wayです。pleaseを後ろに付けると、「こちらへどうぞ」と丁寧な響きになります。Right this way.とも言えます。

❺ 待たせた

□ **Thank you for waiting.**
お待たせいたしました。

(表現ワンポイント)

「お待たせいたしました」や「お待たせして申し訳ありません」は、英語では「待っていただいてありがとうございます」と言いましょう。Thank you forの後ろはing形にします。

---

❻ すぐに来る

□ **She'll be with you in a second.**
彼女はすぐに参ります。

(表現ワンポイント)

「彼女はすぐにあなたと一緒にいるでしょう」と発想します。in a secondは「1秒で」、つまり「すぐに」ということです。in a minuteとも言います。

---

❼ 席を勧める

□ **Please have a seat.**
どうぞお座りください。

(表現ワンポイント)

「どうぞお座りください」はPlease take a seat.、Please sit down.、Please be seated.とも言えます。親しい友人に対してはGrab a seat.と言ったりもします。

❽ 名前を聞く

□ **May I have your name, please?**

失礼ですが、お名前をおたずねしてもよろしいですか。

(表現ワンポイント)

「〜をいただけますか」と丁寧に依頼するときには、May I have 〜? です。注文の際の May I have 〜? や Can I have 〜? と同じ使い方です。

---

❾ 用件を聞く

□ **May I help you?**

どういうご用件でしょうか。

(表現ワンポイント)

「お手伝いしましょうか」という表現ですが、「ご用件は何でしょうか」と訪ねてきた理由を聞くひと言です。店員さんがお客さんに対して「いらっしゃいませ」と言うときと同じフレーズです。

---

❿ 名前を記入する

□ **Please sign in.**

こちらにお名前をお書きください。

(表現ワンポイント)

受付で訪問者が名前を記入することは sign in ［サイニン］で表します。署名して退出するときには sign out ［サイナウットゥ］です。団体や集会に出席・加入するときは sign up ［サイナップ］と言います。

UNIT 20 ネイティブのように話そう
接待する

話すためのヒント　相手の気持ちを察したひと言を！

アテンド（接待すること）はとても大切な仕事です。海外からのお客さまに対しては、空港に出迎えに行ったり、通訳をしてあげたりするだけでなく、言葉の壁や習慣の違いを越えて、上手に「おもてなし」をしたいものです。

例えば、I can be your interpreter.(私が通訳を務めます)とか、What do you feel like eating?(何を食べたい気分ですか)、Do you like Japanese food?(日本食は好きですか)と笑顔で聞いてあげるだけで、相手はリラックスして、心地よい気分で仕事の話に入ることができるでしょう。

❶ 出迎え

□ **I'll pick you up at the airport.**
空港にお迎えに参ります。

表現ワンポイント

「車で迎えに行く」は pick ～ up を使ってみましょう（UNIT 8の❷を参照）。pick は「拾う」という意味ですから、「(あなたを車で)拾い上げる」というイメージです。meet you at the airport とも言います。

❷ 送り届ける

□ **I'll drive you to your hotel.**
ホテルまで車でお送りいたします。

表現ワンポイント

driveは、よくdrive a car（車を運転する）のように使いますが、drive you to ～とすると「あなたを車で～まで送る」という意味になります。

---

❸ かばんを持つ

□ **Let me hold your bags.**
かばんをお持ちいたしましょう。

表現ワンポイント

holdは「手にしっかり持つ」というイメージです。〈Let me + 動詞の原形〉の形で、「私が～しましょう」と申し出る言い方になります。Let me have it.と言うと、「それを私にください」という意味になります。

---

❹ 日本について

□ **Is this your first visit to Japan?**
日本にいらっしゃるのは初めてですか。

表現ワンポイント

Is this your first time in Japan?とも言えます。It's a first time in a long time.は「長い間で初めて」、つまり「久しぶりです」という意味です。

❺ 滞在予定

□ **How long are you going to stay in Japan?**

日本にはどのくらいご滞在の予定ですか。

(表現ワンポイント)

「どのくらい〜?」と期間についてたずねるときにはHow long 〜?を使います。「あとどのくらい」と聞きたければHow much longer 〜?となります。

❻ 案内を申し出る

□ **I'll show you around the city.**

街をご案内いたしましょう。

(表現ワンポイント)

「案内する」はguideでも大丈夫ですが、ここでは基本動詞のshowを使ってみましょう。「〜に…を案内する」は〈show + 人 + around + 場所〉です。

❼ 和食

□ **Do you feel like eating Japanese food?**

和食を食べたい気分ですか。

(表現ワンポイント)

feel like 〜ingは「〜したい気分です」という意味です。in the mood for 〜を使って、I'm in the mood for spaghetti.(スパゲッティを食べたい気分です)とも言えます。

❽ 寿司

☐ **Let me take you to a sushi bar in Akasaka.**

赤坂のお寿司屋さんにお連れいたしましょう。

表現ワンポイント

「〜にお連れいたしましょう」はLet me take you to 〜 . です。「お寿司屋さん」はsushi barやsushi restaurant、「回転寿司」はsushi-go-roundやconveyor belt sushiと言います。

---

❾ 銀行口座

☐ **I'll help you open a savings account.**

普通預金口座を開くお手伝いをいたしましょう。

表現ワンポイント

長期の滞在には銀行口座の開設も必要です。普通預金口座はsavings accountです。savingの後ろにsを忘れずに。「〜が…するのを手伝う」は〈help + 人 + 動詞の原形〉の形を使います。

---

❿ アパート

☐ **I'd be happy to help you find an apartment.**

私が喜んでアパートを探すお手伝いをいたします。

表現ワンポイント

「喜んで〜します」はI'd be happy to 〜を使ってみましょう。「アパート」も「マンション」も英語ではapartmentです。mansionは「大邸宅」を意味します。

Teddy's Special ❹

I love you, Mom.

[アイラヴューマーム]

好きだよ、お母さん。

　ここで文化の違いをひとつ。私の家族にはアメリカ人がいますが、I love you. は家族同士で毎日使う「絆の表現」です。家族でけんかをしても I love you. と言えばうまく仲直りできます(笑)。

　日本語では、大人になった息子が父親に対して「おやじ、愛してるよ」なんて言うと引いちゃいますよね。英語では、大人になっても I love you, Dad. は普通に言います。英語は何でも言葉で表現しないと、相手に気持ちが通じません。簡単な表現なのに、異文化間コミュニケーションでは難しいひと言と言えます。

Chapter 5

遊びと趣味

UNIT 21〜UNIT 25

UNIT 21 ネイティブのように話そう
スポーツ

話すためのヒント

好きなスポーツは何？

スポーツに関して外国の人からよく受ける質問は、What is the most popular sport in Japan?(日本でいちばん人気があるスポーツは何ですか)でしょう。また、What is your favorite sport?(何のスポーツが好きですか)もよくたずねられる質問です。例えば、My favorite sport is soccer.とかI like tennis the best.などと返しましょう。

Real Madrid won the championship.(レアルマドリッドが優勝したよ)やThe Swallows beat the Tigers 5 to 4.(スワローズはタイガースに5対4で勝った)など、スポーツの対戦の表現も知っておくと便利です。

❶ 好きなスポーツ

□ **What is your favorite sport?**
あなたの好きなスポーツは何ですか。

表現ワンポイント

What sports do you like?でもOKです。favorite［**フェ**イヴァリッ（トゥ）］は「好きな」という意味です。favorite music(好きな音楽)、favorite subject(好きな教科)のように使います。

❷ ひいきのチーム

□ **I'm a big fan of the Hawks.**
ホークスの大ファンです。

表現ワンポイント

「〜の大ファン」はa big fan of 〜です。野球チームの名前など固有名詞の複数にはtheが必要。「どのチームを応援していますか」はWhich team are you rooting for?です。root for 〜は「〜を応援する」の意味。

❸ テニス

□ **I used to play tennis.**
昔、テニスをしていました。

表現ワンポイント

used to 〜 [**ユー**スットゥ] は、過去の習慣を表現するときに使います。「以前はテニスを楽しんでいたけれども、今は(例えば、時間がなくて)していない」ということを示すことができます。

❹ ジム

□ **I often go to the gym after work.**
仕事が終わった後、よくジムに通っています。

表現ワンポイント

「ジムに通う」はgo to the gymでOKです。gymはgymnasium [ジム**ネ**イズィアム] の短縮形です。after workは「仕事の後に」、after schoolは「放課後に」です。

❺ 運動する

□ **You should exercise more.**
もっと運動したほうがいいですよ。

(表現ワンポイント)

exerciseは「運動」という名詞と「運動する」という動詞で使います。「〜したほうがいいですよ」と提案する場合はYou should 〜.を使いましょう。You'd better 〜.はきつい忠告に聞こえるので避けましょう。

---

❻ 泳ぎに行く

□ **Let's go swimming.**
泳ぎに行きましょう。

(表現ワンポイント)

「泳ぎに行く」はgo swimmingです。「釣りに行く(go fishing)」「ハイキングに行く(go hiking)」も同様にgo 〜ingを使います。go to the beachのようにtoの後ろは場所が来ます。

---

❼ 所属クラブ

□ **I belong to the volleyball club.**
私はバレーボール部に所属しています。

(表現ワンポイント)

belong to 〜は「〜に所属する」という意味です。また、This book belongs to me.と言えば、「この本は私に属している」、つまり「この本は私のです(This book is mine.)」ということを表します。

❽ 試合の結果

□ **They won five games in a row.**
彼らは5試合連続で勝ちました。

表現ワンポイント

「連勝した」と言いたいときは、in a rowを使います。rowは「列」という意味です。勝った試合が一列に並んでいるイメージです。winの過去形はwon［ワン］です。数字のoneと同じ発音です。

---

❾ チームの順位

□ **The Dodgers are in first place.**
ドジャースは首位です

表現ワンポイント

「首位にいる」はin first placeです。come in first placeと言うと、「首位になる」「一等賞を取る」ということです。「最下位に終わる」はfinish in last placeです。

---

❿ 雨天順延

□ **The game was rained out.**
試合は雨で流れました。

表現ワンポイント

試合が雨で中止になることは、be rained outです。通常、受身形で表現します。他にも、催し物や予定などが中止になることをcall offやcancelの受身形を使って表すことができます。

UNIT 22 ネイティブのように話そう ミュージック

話すためのヒント

「クラシック」は classical music

音楽も日常会話でよく話題に上るジャンルです。興味が共通していればなおさらのこと、おしゃべりは尽きませんね。I'm crazy about jazz.(ジャズが大好きなの)— Really? So am I. Who's your favorite musician?(本当？ 私もよ。好きなミュージシャンは誰？)のように、会話も自然にはずみます。

もし、音楽にあまり知識がなければ「音楽のことは詳しくありません」という意味でI don't know much about music.とかI'm not familiar with music.という言い方も知っておくと便利です。

CD-1 22

---

❶ 好きな音楽

□ **What kind of music do you like?**
どんな音楽が好きですか。

表現ワンポイント

What kind of ～ do you like ?は「どんな(種類の)～が好きですか」と好みをたずねるときの表現で、ofの後ろにmusic、sport、foodなどを付けて、さまざまな場面で使うことができます。

❷ クラシック

☐ **I like listening to classical music.**

クラシック音楽を聞くのが好きです。

(表現ワンポイント)

「〜を聞く」は、listenの後ろにtoを忘れないようにしましょう。「クラシック」はclassical music［ク**ラ**スィコォ**ミュ**ーズィック］です。

---

❸ ピアノ

☐ **Do you play the piano?**

ピアノ、弾くんですか。

(表現ワンポイント)

「〜を弾く」にはplayを使い、目的語の楽器名にはplay the pianoのようにtheを付けましょう。Can you 〜?と聞くと、「〜できますか」とその人の能力をたずねることになるので、Do you 〜?のほうがベターです。

---

❹ ギターで曲を

☐ **I can play that piece on the guitar.**

その曲をギターで弾けますよ。

(表現ワンポイント)

音楽の「曲」(特にクラシックの曲)のことはpieceです。ギターやピアノなどで曲を弾くときには、on the guitar (piano)とonを使いましょう。曲をその楽器の「上」で弾くというイメージです。

❺ 歌とダンス

□ **I can sing but I can't dance.**

歌えますが、踊れません。

表現ワンポイント

canとcan'tの発音の違いに注意しましょう。can'tのtはほとんど聞こえません。can［キャン］と区別するために、can't［**キャ**ーン(トゥ)］はcanより強く長く発音します。CDで確認しながら練習しましょう。

---

❻ カラオケ

□ **I want to sing karaoke in English.**

カラオケを英語で歌いたいです。

表現ワンポイント

「英語で(英語を使って)」の「で」に当たる言葉にはinを使います。inはpay in cash(現金で支払う)、write in pencil(鉛筆で書く)のようにも使います。karaokeは［キャリ**オ**キ］と発音されることも多いです。

---

❼ 音楽をかける

□ **Let's put on some music.**

何か音楽をかけましょう。

表現ワンポイント

「(音楽)をかける」はput onを使います。CDプレイヤーなどに音楽を乗せるイメージです。musicの前にsome(何らかの、いくらかの)を付けるのがポイントです。

⑧ ミュージシャン

□ **My favorite musician is Michael Jackson.**

私の好きなミュージシャンはマイケル・ジャクソンです。

(表現ワンポイント)

Who's your favorite musician (singer)？(好きなミュージシャン [歌手] は誰？) に対する応答です。musicianは日本語では [**ミュ**ージシャン] と最初を強く発音しますが、英語の発音は [ミュー**ズィ**シャン] です。

⑨ ビートルズ

□ **The Beatles are still popular among young people.**

ビートルズはいまだに若い人たちに人気です。

(表現ワンポイント)

「若い人々の間で」はamong young peopleです。the Beatlesは固有名詞の複数ですからtheが必要です。主語で使われる場合は複数扱いなので、動詞はisではなくareを使いましょう。

⑩ ライブハウス

□ **Do you go to a club with live music?**

ライブハウスには行きますか。

(表現ワンポイント)

「ライブハウス」は和製英語なので通じません。英語ではa club with live music (ライブ音楽があるクラブ) と言います。「ライブ」もliveだけではなくlive musicです。

UNIT 23 ネイティブのように話そう
ショッピング

> **話すためのヒント**
>
> **I'll take this. で「これにします」**
>
> 「買う」という意味の動詞はbuyの他に、purchase〔**パー**チャス〕(購入する)もあります。店頭で「これにします」と言う場合はI'll take this. とtakeを使うこともできます。
>
> 買うかどうか悩んだ後、今回は買わないことを店員さんに伝える場合は、I think I should wait. やI'd like to think about it.(ちょっと考えます)、I want to look around a little more.(もうちょっと見て回ります)が便利です。

CD-1 23

❶ 買い物好き

☐ **I love to go shopping.**

ショッピングに行くのが大好きです。

(表現ワンポイント)

「買い物に行く」は「泳ぎに行く(go swimming)」「釣りに行く(go fishing)」と同じようにgo shoppingとgo 〜ingの形で表現します。I'm a shopaholic.〔シャパ**ハ**リック〕(私は買い物中毒です)とも言えます。

108

❷ プレゼント

□ **I'm looking for a birthday present for my girlfriend.**

ガールフレンドの誕生日プレゼントを探しています。

表現ワンポイント

店員さんにMay I help you?と聞かれたとき、何か特定のものを探しているなら、I'm looking for ~.(~を探しています)と言いましょう。「見ているだけです」と言いたければI'm just looking, thank you.です。

❸ 在庫を聞く

□ **Do you carry scarves?**

スカーフは置いてありますか。

表現ワンポイント

店員さんに品揃えや在庫のことをたずねるときはcarryを使ってみましょう。carryは「運ぶ」だけではなく、「店に置く」「扱っている」という意味もあります。scarfの複数形はscarves、またはscarfsです。

❹ 品揃え

□ **They have a large selection.**

あの店は品揃えがすばらしいです。

表現ワンポイント

「品揃え」のことはselection［スィレクシュン］を使います。「品揃えがいい」ことはa large selection、またはa good selectionで表します。

❺ セール

□ **Are these on sale?**

これらはセール品ですか。

(表現ワンポイント)

on sale は「セール中」という意味です。for sale は「販売中」なので混同しないように注意しましょう。NOT FOR SALEと札に書いてあれば「非売品」ということです。sale の発音は［セィォ］のように聞こえます。

---

❻ 色違い

□ **Do you have this in another color?**

これの色違いはありますか。

(表現ワンポイント)

英語には「色違い」という名詞はありません。「別の色でこれがありますか」と聞きます。「小さい(大きい)サイズがありますか」はDo you have this in a smaller (bigger) size?です。

❼ 見せてほしい

□ **Can I see that one?**

あれを見せてもらえませんか。

(表現ワンポイント)

いくつかある商品の中で、ある特定のものを指さして、店員さんに見せてほしいことを伝えるひと言です。May I have that one?と言うと「あれをください(買います)」という意味になります。

❽ 値段交渉

□ **Are the prices negotiable?**
値段は安くなりますか。

表現ワンポイント

negotiableは「交渉可能な」という意味です。「フリーマーケット（flea market）」などで値段を交渉するときに便利な表現です。Can you give me a discount?の間接的な言い方です。

---

❾ 試着する

□ **Can I try this on?**
これを試着してもいいですか。

表現ワンポイント

洋服屋さんで試着をしたいときに使います。try ～ on（～を試着する）は「～を自分の身体の上で(on)試す(try)」と捉えます。服だけではなく、帽子や靴など、身に着けるものに使えます。

---

❿ 買わない

□ **I think I should wait.**
今回はやめておきます。

表現ワンポイント

店員さんに品物を勧められたけれども、買うことにちゅうちょがあるときに便利な表現です。「（買うことを）待ちます」、つまり「今回は買わない」という意思表示です。

UNIT 24 ネイティブのように話そう
トラベル

話すためのヒント

旅行は話すだけでも楽しい

旅行の話題は、私たちの生活に刺激や楽しさを与えてくれます。例えば、What country would you like to visit?(どの国に行きたいですか)とか、I'm thinking of going to Australia this summer.(今年の夏、オーストラリアに行こうと考えています)など、友人や家族と旅行の計画について話すだけでワクワクしてきますね。

また、実際に海外旅行に行くときには、パスポートを更新する(renew)ことや時差ぼけ(jet lag)なども話題になります。

CD-1
24

---

❶ 旅行好き

☐ **I like traveling a lot.**
旅行が大好きです。

表現ワンポイント

「〜がとても好き」は、like 〜 a lot を使ってみましょう。もちろん、like 〜 very much や love 〜 でも OK です。「旅行すること」は traveling [トゥ**ラ**ヴァリン] です。発音が［トラベリング］にならないように注意です。

❷ 海外旅行

☐ Have you been abroad?

海外に行ったことはありますか。

表現ワンポイント

abroadは「海外へ」という副詞なので、前に「〜へ」という意味のtoを付けないようにしましょう。a foreign countryなら「外国」という名詞なので、Have you been to a foreign country?とtoが必要です。

---

❸ 行きたい国

☐ What country would you like to visit?

どの国に行きたいですか。

表現ワンポイント

「どの国に興味があるか」は旅行の話のきっかけとして便利な質問です。would you like to 〜（〜したい）はdo you want to 〜の丁寧な言い方です。このような丁寧表現は家族や友人同士でも使います。

---

❹ 旅行計画

☐ I'm planning to go to Canada next year.

来年カナダに行くことを計画しています。

表現ワンポイント

「〜する計画を立てる」は〈plan to + 動詞の原形〉で表します。「〜することになっている」はI'm supposed to 〜．［アイムサ**ポ**ウスットゥ］を使いましょう。Canadaの発音は［**キャ**ナダ］と語頭を強く発音します。

❺ パスポート

☐ I have to get my passport renewed.

パスポートを更新しないといけません。

表現ワンポイント

「更新する」はrenewです。〈get + 目的語 + 過去分詞〉の形で、「〜を…してもらう」となります。I had my watch repaired.（時計を修理した）と同様、自分で直接その行為をせず、人にしてもらうときに使います。

---

❻ ツアー旅行

☐ I visited Hawaii on a package tour.

パッケージツアーでハワイに行きました。

表現ワンポイント

「パッケージツアー」はpackage tour［パキジ**トゥ**ァー］です。パッケージツアーのプランに乗っかって行くというイメージでonを使います。「個人で」行く場合はon my ownです。

---

❼ 初めての海外

☐ This is the first time that I'm traveling overseas.

海外旅行は初めてです。

表現ワンポイント

This is my first time in a foreign country. とも言えます。overseasは文字通り「海を越えて」ということですから、この場合abroad（海外へ）と同じように使えます。

❽ 滞在予定

□ **We're going to stay in London for five days.**

ロンドンに5日間滞在する予定です。

表現ワンポイント

「〜日間…に泊まる(滞在する)」と言いたければ、stay ... for 〜 daysとします。ホテルの予約は、例えば5 daysというと「4泊5日」なのか「5泊6日」なのか曖昧なので、5泊であれば5 nightsと言えば誤解を防げます。

❾ 出かける人に

□ **Have a nice trip.**

よいご旅行を。

表現ワンポイント

Bon Voyage.［ボンヴォイ**ア**ージ］とも言います。safe［**セ**イフ］(安全な)を使ってHave a safe trip.と言えば、「道中お気をつけて」と、相手に対する気づかいを表現できます。

❿ 時差ぼけ

□ **I'm still suffering from jet lag.**

まだ時差ぼけに苦しんでいます。

表現ワンポイント

「時差ぼけ」はjet lag［**ジェ**ッラグ］です。「〜で苦しむ(悩む)」はsuffer from 〜で表します。lagは「時間の隔たり」「遅れること」という意味です。

UNIT 25 ネイティブのように話そう
レジャー

話すためのヒント

「入場料」はadmission fee

「レジャー」は英語ではleisureです。[リージャー]と発音します。

遊園地(amusement park)や博物館(museum)[ミューズィーアム]では、How much is the admission fee?(入場料はいくらですか)、What time do you close?(閉園[閉館]時間は何時ですか)など、よく使うお決まり表現があります。

映画館(movie theater)の「レイトショー」はlate showingです。チケットの予約の際、「2人並びの席にしてください」と言いたければI'd like two seats next to each other.と言ってみましょう。

❶ テーマパーク

□ **Would you like to go to Disneyland with me?**
一緒にディズニーランドに行かない？

表現ワンポイント

Would you like to ～?は、「～したいですか」「～しませんか」と人を誘う表現です。with meを文末に付けると「一緒に」という親近感をさらに強く表せます。

❷ ジェットコースター

□ **Riding a roller coaster is a lot of fun.**

ジェットコースターに乗るのはとても楽しいよ。

表現ワンポイント

遊園地の定番、「ジェットコースター」はroller coaster［**ロ**ウラーコウスター］です。遊園地の乗り物に「乗る」はrideを使いましょう。rideは「(遊園地の)乗り物」という名詞でもあります。

❸ 観覧車

□ **Let's take a ride on the Ferris wheel.**

観覧車に乗ろうよ。

表現ワンポイント

「観覧車」はFerris wheel［**フェ**リスウィーォ］です。Ferrisは考案者の名前です。「乗る」はrideの代わりにtake a ride onを使ってみましょう。

❹ 学割

□ **Do you offer a student discount?**

学割はありますか。

表現ワンポイント

「学割」は、日本語の発想のままstudent discountです。offerは「提供する」です。日本語では「学割がありますか」とたずねますが、英語では「学割を提供しますか」と発想します。

117

❺ 閉園時間

□ **What time do you close?**
閉園時間は何時ですか。

(表現ワンポイント)

閉園時間については、シンプルに「何時に閉まりますか」とたずねましょう。レストランなどの閉店時間も同様です。主語にはyouを使います。相手は、We close at ten.(10時に閉まります)などと答えます。

---

❻ チケットを買う

□ **Two adults and one child, please.**
大人2人、子ども1人でお願いします。

(表現ワンポイント)

チケットを買うときの決まった表現です。「大人」はadult［ア**ダ**ォトゥ］、「子ども」はchild［**チャ**ィォドゥ］です。childの複数形はchildren［**チ**ォドゥレン］です。発音が［チルドレン］にならないようにしましょう。

---

❼ 上映開始

□ **What time does the movie start?**
映画は何時に始まりますか。

(表現ワンポイント)

How soon does the movie begin?(映画はあとどのくらいで始まりますか)とも言えます。「上映時間」をたずねるときは、How long is the movie?です。「映画」のことはfilm［フィォム］とも言います。

❽ 並びの座席

□ **I'd like two seats next to each other.**

2人並びの席をお願いします。

表現ワンポイント

映画館や飛行機など、座席を隣同士にしたいときのひと言です。next to ～は「～の隣」です（UNIT 40の❺を参照）。next to each other は「お互いの隣」、つまり「隣同士」ということです。

❾ ハイキング

□ **Why don't we go hiking if the weather is good tomorrow?**

明日天気がよければハイキングに行かない？

表現ワンポイント

人を誘うときの表現に、Why don't we ～? があります。「私たち、なぜ～しないの？」→「～しようよ」となります。go ～ing は、go bowling（ボーリングに行く）、go swimming（泳ぎに行く）のように使えます。

❿ 温泉

□ **I want to go to a hot spring just to relax.**

温泉に行ってのんびりしたいですね。

表現ワンポイント

「温泉」は hot spring ［ハッ(トゥ)スプリン］です。spring は「春」という意味でよく使いますが、「泉」という意味もあります。just to relax は「ただリラックスするために」ということです。

Teddy's Special ❺

I beg your pardon!

［**アイ**ベ**ギョー**パー（ドゥ）ン ］

失礼な！　もう一度言ってみて！

　I beg your pardon. は、Excuse me. と同じように上げ調子で発音すれば、「すみません。もう一度言ってもらえませんか」と、相手が言ったことについて聞き返すときのとても丁寧な表現です。

　しかし、例えば、相手が失礼なことを言った内容に対して強い口調で言い返せば、「何と失礼な！　もう一回言ってみなさいよ！」という意味にもなります。「あのね、それってちょっと言いすぎじゃない？」と笑いながら冗談で返すときにも便利なひと言です。

Chapter 6

性格とからだ

UNIT 26～UNIT 30

UNIT 26 ネイティブのように話そう 自己紹介

話すためのヒント

出身・家族・経験を話せるように

　コミュニケーションの第一歩は、自分を発信することです。自分について英語で話すために、まず、自分に直接関連することを簡単な英語で表現できるようにしておきましょう。

　例えば、出身地(I was born in ～. / I'm from ～.)や家族(I have a son.)、住まい(I live in ～.)や仕事(I work for ～.)のことはよく話題になります。また、過去の経験(I used to ～.)も話を盛り上げるトピックのひとつです。自己紹介のときにも役に立ちますよ。

CD-1 26

❶ 出身

□ **I was born and raised in Tokyo.**
生まれも育ちも東京です。

表現ワンポイント

「生まれた」はwas born、「育った」はwas raised（raise［レイズ］=「育てる」）と、英語では受身形にします。本文のwasはbornとraisedの両方にかかっています。「東京出身です」はI'm from Tokyo. です。

❷ 自宅の場所

□ **I live in the Meguro area with my family.**

家族と目黒の地域に住んでいます。

表現ワンポイント

areaは「地域」「エリア」という意味です。[**エ**アリア]のように発音します。「～地域」は〈the + 場所 + area〉で表します。「この地域に」はin this area、「繁華街に」はin the downtown areaです。

---

❸ 結婚・子供

□ **I'm married with two children.**

結婚していて、子どもが2人います。

表現ワンポイント

「結婚している」と言いたい場合はI'm married.です。withを使うことで、2人の子どもが一緒にいることを示します。「～と結婚している」はwithではなくtoを使います。「独身です」はI'm single.です。

---

❹ 家族

□ **There're four people in my family.**

4人家族です。

表現ワンポイント

「私の家族に4人がいる」と発想します。I have two sons.（息子が2人います）、Their ages are twelve and nine.（年は12歳と9歳です）などと続けて言うことも可能です。

❺ 年齢

□ **I have just turned forty.**

ちょうど40歳になりました。

(表現ワンポイント)

turnは「回る」とか「曲がる」という意味でよく使いますが、「～になる」という意味でもあります。過去（この前）に40歳になって現在も40歳の状態ですから、現在完了形（have + 過去分詞）を使います。

---

❻ 勤め先

□ **I work for a trading company.**

商社に勤めています。

(表現ワンポイント)

「～に勤める」と言いたいときはwork forの後ろに、勤め先を言います。I'm an engineer.(技師です)のように職業で言うこともできます。「会社員」はoffice clerk、「主婦」はhomemaker［ホウムメイカー］です。

---

❼ 役職

□ **My job title is Assistant Sales Manager.**

私の肩書は営業部長補佐です。

(表現ワンポイント)

job title［ジャブタイロォ］は仕事の肩書や職位のことです。「～補佐」はAssistant ～、「副社長（Vice President）」のような「副～」はVice［ヴァイス］～を使います。名刺などの肩書も頭文字を大文字にします。

❽ 経営する

□ **I'm running a small boutique.**
小さいブティックを経営しています。

表現ワンポイント

「〜を経営する」はrunを使いましょう。runには「〜を動かす」という意味があります。「会社を動かす」、つまり「経営する」ということですね。boutiqueは[ブ**ティー**ク]のように発音します。

---

❾ 過去の経験

□ **I used to go to the movies a lot.**
昔はよく映画を観に行っていました。

表現ワンポイント

used to 〜は「昔〜していた」、つまり「今は〜していない」ということを意味します(UNIT 21の❸を参照)。「映画を観に行く」はgo to the moviesやgo to see a movieを使います。

---

❿ クラブ

□ **When I was in high school, I belonged to the soccer club.**
高校時代はサッカー部に入っていました。

表現ワンポイント

「高校時代」は「私が高校にいたとき(when I was in high school)」と表現します。belong to 〜は「〜に所属している」という状態を示すので、進行形(be 〜ing)では使いません(UNIT 21の❼を参照)。

UNIT 27 ネイティブのように話そう
人の性格

話すためのヒント

形容詞・名詞を使いこなそう

　人の性格や特徴を表すには、よく使う形容詞を覚えておくと便利です。例えば、「親切だ」はkindやniceやfriendly、反対の意味の「意地悪だ」はmeanです。「威張り散らす」はbossの形容詞のbossy、「謙虚な」はmodestやhumble、「頑固な」はstubborn［ス**タ**ッバーン］、「柔軟な」はflexible［フ**レ**クサボォ］と言います。

　worrier（心配性の人）、character（おもしろい人）、geek（おたく）、procrastinator（先延ばしにする人）など、よく使う名詞もあるので、一緒に練習しておくと役立ちます。

CD-1 27

❶ 人当たり

☐ **My sister is so nice and friendly to everybody.**

私の姉はみんなに親切で人当たりがいいです。

表現ワンポイント

friendlyは「人当たりがいい」「親しみやすい」「フレンドリーな」という意味の形容詞です。nice and warm（暖かくて気持ちいい）などと同様、語順はnice and ～と、niceを先に言います。

❷ 意地悪

□ **My boss is so mean to me.**
私の上司は私にとても意地悪なんです。

表現ワンポイント

mean［ミーン］は、動詞で「意味する」ですが、形容詞では「意地悪な」という意味があります。niceの反意語です。

---

❸ おもしろい

□ **Kenji is a real character.**
ケンジ君はホントにおもしろい人よ。

表現ワンポイント

characterは、本来、「性格」とか「特徴」という意味です。この場合、「こっけいな人」「個性の強い人」という意味で、変わったおもしろさを持つ人を指して言います。

---

❹ 気まぐれ

□ **She's so moody.**
彼女はお天気屋さんです。

表現ワンポイント

moodyはmood（気持ち、雰囲気）の形容詞で、「気まぐれな」とか「気分屋の」という意味です。日本語の「ムーディー」のように「雰囲気のいい」という意味はありません。

❺ 怠け者

□ **I'm just a couch potato, you know.**

ごろごろしているだけだよ。

表現ワンポイント

couch［**カ**ウチ］(長いす)にpotato［ポ**テ**イトゥ］(ジャガイモ)で、ごろごろ横になってテレビにかじりついている人のことを言います。lazy［**レ**イズィー］(怠け者の)と同じようなイメージです。

---

❻ 心配性

□ **I'm such a worrier.**

私はとても心配性なんです。

表現ワンポイント

worryは「心配(する)」という名詞、または動詞です。worrierは「くよくよ悩む人」のことです。「心配しないで」と励ますときはDon't worry. とかNo worries. を使いましょう。

---

❼ 優柔不断

□ **You're so wishy-washy.**

あなたって本当に優柔不断ね。

表現ワンポイント

wishy-washy［**ウィ**シーウォシー］は「優柔不断の」「煮え切らない」など、決断力がない人のことを表します。同じ意味でirresolute［イ**レ**ザルートゥ］、indecisive［インディ**サ**イスィヴ］という形容詞もあります。

❽ 甘党

□ **You really have a sweet tooth, don't you?**
君は本当に甘党だね。

(表現ワンポイント)

「甘党」は「甘い歯を持っている」と発想します。複数のteethではなく、単数のtoothを使うので注意しましょう。もちろん、I love sweets (sweet things). でも大丈夫です。

---

❾ おたく

□ **He's a computer geek.**
彼はコンピューターおたくです。

(表現ワンポイント)

~ geek ［ギーク］は、「~に熱中している人」「~狂」「~おたく」という意味で使います。同じような意味でfreak［フリーク］という語もあります。He's crazy about ~ .(彼は~がとても好きだ)でも表現できます。

---

❿ 後回しにする

□ **I always procrastinate with my homework.**
いつもぐずぐずして宿題を後回しにしちゃう。

(表現ワンポイント)

procrastinate ［プロウクラスティネイトゥ］は「怠け心で後回しにする」「ぐずぐずして先送りにする」という意味です。「先延ばしにする人」「ギリギリ人間」のことをprocrastinatorと言います。

UNIT 28 ネイティブのように話そう
健康管理

話すためのヒント

「腹筋運動」はsit-ups

生活の中でポピュラーなトレーニングは、ウォーキング(walking)や腹筋運動(sit-ups)です。フィットネスクラブ(fitness club)に通ったり、スポーツをしたりと、現代人に必須の健康管理は格好の話題になります。

また、ダイエットをする(go on a diet)、魚や野菜を多く取る(eat more fish and vegetables)など、食事について話すことも多いでしょう。健康管理をめぐるさまざまなフレーズを練習してみましょう。

CD-1 28

❶ ウォーキング

□ **I walk for an hour every day for exercise.**
毎日1時間、運動のためにウォーキングしています。

表現ワンポイント

「ウォーキングする」は動詞のwalkでOKです。「ジョギングする」も動詞のjog、またはgo joggingを使いましょう。take a walk(散歩する)という言い方もあります。「犬を散歩に連れて行く」はwalk my dogです。

❷ 腹筋運動

☐ **I do sit-ups twenty times a day.**
1日20回、腹筋をします。

表現ワンポイント

sit upは「上半身を起こす」という意味ですが、名詞としても使い「上半身を起こすこと」、つまり「腹筋運動」のことです。sit up straightと言うと「姿勢を正して座る」という意味。「腕立て伏せ」はpush-upsです。

---

❸ フィットネス

☐ **I go to a fitness club once a week.**
週に1回、フィットネスクラブに通っています。

表現ワンポイント

「フィットネスクラブ」はfitness centerとも言います。「1回」はonce、「2回」はtwice、「3回」からはthree times、four times ...となります。「1週間に〜回」はその後ろにa weekを付けるだけでOKです。

---

❹ テニスをする

☐ **Would you like to play tennis with me?**
一緒にテニスをしませんか。

表現ワンポイント

人を誘う場合は、Would you like to 〜? が便利です（UNIT 25の❶を参照）。スポーツをするときには、play golf（ゴルフをする）やplay badminton（バドミントンをする）など、playを使うことが多いです。

❺ マラソン

□ **I'm going to participate in the marathon competition next week.**
来週、マラソン大会に出ます。

表現ワンポイント

participate［パ**ティ**スィペイトゥ］in ～は「～に参加する」という意味です。「大会」はcompetition［カンペ**ティ**シュン］です。marathonのthは舌と上下の歯を摩擦させて発音します。

---

❻ ダイエット

□ **I'm on a diet.**
ダイエット中です。

表現ワンポイント

I'm cutting down on sweets.（甘いものを控えています）という表現もあります。いずれも、前置詞onを使いましょう。go on a low calorie diet（低カロリーのダイエットをする）とも言えます。

---

❼ 体重

□ **I hate getting on the scale.**
体重計に乗るのが嫌になる。

表現ワンポイント

体重計はscale［ス**ケ**ィォ］です。hate［**ヘ**イトゥ］はloveの反意語で「とても嫌いだ」という意味です。「体重を測る」はweigh myself［**ウェ**イマイ**セ**ォフ］（自分自身の重さを測る）と言います。

❽ 肉を食べない

☐ **I'm trying to avoid eating meat.**

肉を食べるのは避けるようにしています。

表現ワンポイント

「～しようと努力する」はtry to ～を使いましょう。avoid ～ingは「～することを避ける」という意味です。「魚や野菜をたくさん食べるようにしています」はI'm trying to eat more fish and vegetables. です。

---

❾ 禁煙

☐ **You should stop smoking.**

タバコはやめたほうがいいよ。

表現ワンポイント

「～することをやめる」はstop ～ingで表します。相手に軽く提案するときにはshouldを使いましょう。had better ('d better)は忠告や命令に聞こえるときがあるので注意しましょう（UNIT 21の❺を参照）。

---

❿ 歯科検診

☐ **I go to see a dentist every six months for a checkup.**

歯医者には半年に1回検診に行っています。

表現ワンポイント

everyは「～おきに」という意味で使うので、「半年に1回」はevery six months（6カ月おきに）と言います。「定期健診」はregular checkupです。

UNIT 29 ネイティブのように話そう
からだと体型

話すためのヒント

「ぽっちゃり」はchubby

身体について話すには、体型、髪型、利き手などを、英語で描写できるようにしておきましょう。ただ、相手の特徴に言及する場合には、日本語と同様、失礼にならないように注意しましょう。特に、肥満(obesity)が国民的問題であるアメリカでは、体型の話をするときには十分な配慮が必要です。

例えば、fat(太った)やskinny(やせこけた)などは直接的で失礼にあたることもあります。また、子どもにはchubby(ぽっちゃりした)を、女性にはplump(ふくよかな)などをよく使います。場面によって表現を使い分けましょう。

CD-1 29

---

❶ 利き手

☐ **I'm left-handed.**

私、左利きなんです。

表現ワンポイント

「左利き」はleft-handed、「右利き」はright-handedです。それぞれhandの後ろにedを忘れないように。「両利き」はambidextrous[アンビ**デ**クストゥラス]と言います。

❷ えくぼ

□ **She gets dimples when she smiles.**

彼女は笑ったときにえくぼができる。

表現ワンポイント

「えくぼ」はdimple(s)[**ディ**ンポォ(ズ)]です。「できる」は基本動詞のgetを使います。pimple(s)[**ピ**ンポォ(ズ)]は「にきび」という意味です。発音が似た単語なので注意しましょう。

❸ 乾燥肌

□ **My skin is so dry I can't put on my make-up.**

肌がとてもかさかさで化粧ができない。

表現ワンポイント

「かさかさ」は乾燥して乾いている状態なので、dryを使います。肌に関してはrough[**ラ**フ](ざらざらしている)でも表せます。so ~ that ...(とても~なので…だ)のthatがso dryの後ろに省略されています。

❹ 筋肉

□ **I want to gain more muscle.**

もっと筋肉をつけたい。

表現ワンポイント

「筋肉をつける」はgain muscleです。gain[**ゲ**イン]は「得る」という意味です。build (up) muscleとも言います。build[**ビ**ォドゥ]は「建てる」以外に「形成する」「増強する」という意味もあります。

❺ 太る

□ **I'm getting a little fat.**

私、ちょっと太ってきちゃった。

表現ワンポイント

fatは名詞では「脂肪」、形容詞では「(まるまると)太った」という意味です。自分ではなく人の体型について言う場合は、fatの婉曲語として、stout(かっぷくのよい)やheavyset(体格ががっしりした)などがあります。

---

❻ やせる

□ **Looks like you've lost weight.**

ちょっとやせた？

表現ワンポイント

「やせる」「体重が減る」はlose weightです。Looks like 〜で始めて「〜のように見える」とします。「太る」「体重が増える」はgain weight、またはput on weightです。He's gotten a bit heavy.とも言えます。

---

❼ 細身

□ **She's so thin.**

彼女はとても細いですね。

表現ワンポイント

thinは「薄い」という意味ですが、「やせている」「細い」という体型にも使います。thinは中立的な言葉で、プラスのイメージのslimやslender(ほっそりした)、マイナスのイメージのskinny(やせこけた)があります。

❽ 白髪

☐ **I'm getting more gray hair.**
白髪が増えてきているよ。

(表現ワンポイント)
日本語では「白髪」と言いますが、英語ではgray hair（灰色の髪）です。他にも髪の特徴はcurly（巻毛の）、wavy（ウェーブのかかった）、bushy（もじゃもじゃの）、kinky（frizzy）（ちぢれた）などがあります。

❾ 体型

☐ **When I was a little girl, I was short and chunky.**
子供の頃は背が低くてずんぐりしていたんですよ。

(表現ワンポイント)
「背が低い」には「短い」と同じshortを使います。「背が高い」はtallです。「長い」のlongは使いません。chunky［チャンキー］（ずんぐりした）はchunk（大きなかたまり、厚切り）の形容詞です。

❿ ぽっちゃりした

☐ **Look at that baby with chubby cheeks.**
ほら、あの赤ちゃん、ぽっちゃりしたほっぺだよ。

(表現ワンポイント)
chubby［チャビー］は「ぽっちゃりした」という意味で、子どもや赤ちゃんによく使います。上の❾で紹介したchunky（ずんぐりした）と区別して使いましょう。

UNIT 30 ネイティブのように話そう
お医者さん

話すためのヒント

身体の具合を表現できるように

海外で体調を崩して、お医者さんにかかることもあるので、自分の身体の具合について英語で言えるようにしておきたいですね。I feel sick.（気分が悪い）やI have a stomachache.（お腹が痛い）など、まず自分の症状を説明する簡単な表現から覚えていきましょう。

「〜が痛い」と言いたいときは、ache［エイク］（継続的な痛み）、pain［ペイン］（激しい痛み）、sore［ソーァ］（炎症でひりひりする）などを使い分けましょう。

CD-1
30

❶ 気分が悪い

☐ **I feel sick.**

気分が悪いです。

表現ワンポイント

「気分が悪い」はsickが便利です。sick people（病人）のようにsickは「病気の」という形容詞ですが、「むかつく」「吐き気がする」という意味でも使います。

138

❷ 目まい

□ **I feel a little dizzy.**
少し目まいがします。

表現ワンポイント

dizzy［ディズィー］は「目まいがする」「ふらふらする」という形容詞です。「立ち上がった瞬間、目まいがした」は、I felt dizzy the moment I stood up. となります。

❸ 風邪

□ **I'm coming down with a cold.**
風邪をひきかけているようです。

表現ワンポイント

「風邪をひく」ことはcome down with a coldで表します。catch a coldとも言います。今風邪をひいている状態であればI have a cold. と、haveを使います。

❹ 熱がある

□ **I have a fever.**
熱があります。

表現ワンポイント

「発熱」「熱」はfever［フィーヴァー］です。feverの前にaを忘れないようにしましょう。I'm feverish.［フィーヴァリッシュ］とも言えます。「(気温の)熱」はheat［ヒートゥ］です。

❺ 腹痛

□ **I have a terrible stomachache.**
お腹がひどく痛い。

(表現ワンポイント)

「腹痛」はstomachache[ス**タ**ミックエイク]、「頭痛」はheadache[**ヘ**デイク]、「歯痛」はtoothache[**トゥ**ースエイク]です。動詞はhaveを使います。haveの後ろにaを付け忘れないように。

---

❻ ひざが痛い

□ **I have a sharp pain in my knee.**
ひざがひどく痛みます。

(表現ワンポイント)

ひざ(knee[**ニ**ー])などの「激しい痛み」にはpain[**ペ**イン]を使います。stomachacheなどのache[**エ**イク]は、どちらかと言うと「鈍痛」のことです。ひざの中に痛みを感じるので、onではなくinを使います。

---

❼ のどが痛い

□ **I had a sore throat last night.**
昨日の夜はのどが痛かったです。

(表現ワンポイント)

「のどの痛み」はsore throatです。sore[**ソ**ーァ]は炎症などで「ひりひりする」という意味の形容詞です。soreは唇や舌にできる「炎症」という名詞でもあります。

❽ 偏頭痛

□ **I sometimes have a migraine.**
時々、偏頭痛に悩まされます。

表現ワンポイント

「偏頭痛」はmigraine［マイグレイン］です。冠詞のaを忘れないようにしましょう。headacheと同じように基本動詞haveを使います。

---

❾ インフルエンザ

□ **I got a flu shot yesterday.**
昨日インフルエンザの注射を打ちました。

表現ワンポイント

influenza（インフルエンザ）は、英語ではflu［フルー］と略します。「インフルエンザの注射」はflu shotです。「注射」のことはinjectionとも言います。

---

❿ レントゲン

□ **I had my chest x-rayed at the hospital.**
病院で胸のレントゲンを撮ってもらいました。

表現ワンポイント

「レントゲン」はＸ線を発見した人の名前です。英語で「レントゲンを撮る」ことは、x-ray（X線）と言います。〈have + 目的語 + 過去分詞〉の形で、「〜を…してもらう」という意味になります。

Teddy's Special ❻

Enough is enough!

[イナフィズィナフ]

もううんざりだ！

　例えば、人の目に余る振る舞いや社会のひどい状況に対して、「見ているだけで(聞いているだけで)もううんざりだ！」という意味でよく使います。子どもたちが遊びに夢中になりすぎたり、けんかになって手の施しようがなくなったりしたときに、「もうその辺でやめなさい！」と言いたいときにも使います。

　enough(十分)という言葉を2度繰り返しているわけですから、「十分と言ったら十分だ(もうそれで十分だ)」ということですね。

Chapter 7

気持ちを伝える

UNIT 31～UNIT 35

UNIT 31 ネイティブのように話そう
おしゃべり

話すためのヒント

「話好きな」はtalkative

英語でも日本語と同じように、楽しくおしゃべりできるといいですね。「しゃべる」にはtalkやchatを使います。おしゃべり好きな人を表す語には、動詞でblab(しゃべりまくる)、名詞でbigmouth(おしゃべりな人)、形容詞でtalkative(話し好きな)などがあります。

「内緒話」にはbetween you and meやin privateを使ってみましょう。

---

❶ 話す時間

□ **Do you have time to talk with me?**

お話しする時間がありますか。

表現ワンポイント

「話をする」「しゃべる」はtalkです。この場合speak with meでもOK。I'd like to have a chat with you.(あなたとおしゃべりがしたいです)とも言えます。「(〜する時間は)ある」はhaveを使いましょう。

❷ 食事しながら

☐ **Let's talk about it over lunch.**

それについては昼食を取りながら話しましょう。

表現ワンポイント

「昼食を取りながら」はover lunchと言います。lunchの上を会話が飛び交っているイメージです。「コーヒーを飲みながら」はover a cup of coffeeです。

---

❸ 内緒話

☐ **This is between you and me.**

これはここだけの話です。

表現ワンポイント

between you and meは「あなたと私の間(だけの話)」、つまり「内緒の話」「ここだけの話」ということです。もちろん、a secret [スィークレッ(トゥ)] (内緒、秘密)でもOKです。

---

❹ 個人的に話す

☐ **May I speak with you in private?**

あなたと個人的にお話がしたいです。

表現ワンポイント

talk with youやspeak with youは「あなたと話す」です。in privateは「プライベートで」、つまり「個人的に」となります。privateの発音は[プライヴィッ]のように聞こえます。

❺ 冗談好き

□ **He's always cracking jokes.**
彼はいつも冗談ばかり言っています。

表現ワンポイント

crackは指をポキポキと鳴らしたり、パンっと木の実を割ったりすることで、冗談がはじけ飛ぶイメージです。crack a smileは「笑いを飛ばす」、つまり「にっこりする」ということです。

---

❻ おしゃべり

□ **They love to blab.**
彼女たちはぺちゃくちゃよくしゃべるね。

表現ワンポイント

blabは「うっかり秘密を漏らしてしまう」、つまり「しゃべりまくる」「(くだらないことを)ぺちゃくちゃしゃべる」ということです。blabは「おしゃべりな人」という名詞でもあります。

---

❼ おしゃべり

□ **She is a bigmouth.**
彼女はおしゃべりだね。

表現ワンポイント

a bigmouthも「自慢したり、口が軽く秘密をすぐ漏らしたりする、おしゃべりな人」のことです。She has a big mouth. とも言います。

❽ うるさい

□ **Cut out** talking.

おしゃべりはやめなさい。

(表現ワンポイント)

例えば、授業中におしゃべりをしている生徒に先生が注意するひと言です。cut outはstopと同じで「やめる」という意味です。「やめてよ」はCut it out.［カリ**ラ**ウッ(トゥ)］です。

---

❾ 談笑する

□ I'd like to **have a chat** with you.

あなたとおしゃべりがしたいです。

(表現ワンポイント)

have a chatは「ぺちゃくちゃおしゃべりをする」「談笑する」という意味です。chatは動詞としても使えます（UNIT 4の❽を参照）。chit-chat［**チ**ッチャッ］(雑談)という言葉もあります。

---

❿ 話し好き

□ He's so **talkative**.

彼は話し好きです。

(表現ワンポイント)

talkative［**ト**ーカティヴ］はtalkの形容詞で、「話し好きな」「おしゃべりな」「口数が多い」という意味です。He talks a lot.(彼はよくしゃべる)とも言えます。

UNIT 32 ネイティブのように話そう
ポジティブ

話すためのヒント

感情をはっきり表現しよう

　日本人は喜怒哀楽をあまり表に出さないことが多いですが、英語のネイティブスピーカーは感情をはっきりと言葉で表現しようとします。例えば、I'm happy.（嬉しい）とかI'm impressed.（感動した）など、自分の感じたことを率直に伝えます。

　How exciting!（ワクワクする！）やWhat a relief!（安心した！）など、感嘆文を使い、思いを強調して伝えることも多いです。このユニットでは、「嬉しい」「楽しい」「すごい」など、ポジティブな感情表現を練習しましょう。

CD-2
2

---

❶ わくわく

□ **How exciting!**

ワクワクする！

表現ワンポイント

excitingは、「（物事に）わくわくする」イメージです。excited（過去分詞）は「（人が）わくわくしている」という意味で、主語は「人」になります。〈How + 形容詞!〉は「何と〜なことでしょう！」という感嘆文です。

❷ 安心

☐ **What a relief!**

安心したよ！

表現ワンポイント

relief［リ**リ**ーフ］は「安心」「安堵感」という意味です。〈What + 名詞！〉で「何と～したことでしょう！」という感嘆文になります。Whatとaはつないで［**ワ**ラ］のように発音します。

---

❸ すごい

☐ **That's amazing!**

それはすごいね！

表現ワンポイント

amazingは「(驚くほど)素晴らしい」という意味です。褒めたい気持ちを強調して伝えるときに使います。That's incredible!［インク**レ**ダボォ］とも言います。

---

❹ うれしい

☐ **We're so happy about the result.**

その結果にとても嬉しく思っています。

表現ワンポイント

I'm happyに嬉しい対象を続けて、I'm happy about ～やI'm happy to ～(～して嬉しい)、I'm happy ～ing(～することが嬉しい)、I'm happy that ～(～ということが嬉しい)などの形で表現します。

❺ 感動

☐ I was impressed!
感動した！

(表現ワンポイント)

impressは「～に感銘を与える」という意味です。be impressedは受身形で「感銘を与えられる」、つまり「感動する」ということになります。I'm impressed with ～.で「～に感動する」です。

---

❻ 達成感

☐ I made it!
やったあ！

(表現ワンポイント)

I made it!は「できた！」や「やったあ！」という達成感を表すひと言です。We made it.で「(終電などに)何とか間に合ったね」、Can you make it?で「(パーティーなどに)来られますか」のようにも使えます。

---

❼ 光栄

☐ I'm honored to be here.
ここにいることができて光栄です。

(表現ワンポイント)

パーティーなどにゲストとして招かれたことに対して、自分の嬉しい気持ちを表すひと言です。honor［オナー］(名誉を与える)の受身形be honoredで、「名誉を与えられる」、つまり「光栄だ」ということです。

❽ 大好き

□ **Oh, I love it!**
ああ、それ大好きだよ！

表現ワンポイント

loveはI love you.のように「(人)を愛している」という意味でよく使いますが、「〜がとても好きだ」のように、人以外を目的語としても頻繁に使います。I love it.は3語続けて［アイ**ラ**ヴィッ］と発音しましょう。

❾ よかった

□ **Good thing we ran into each other.**
偶然会えてよかった。

表現ワンポイント

〈Good thing + 主語 + 動詞〉の形で「〜してよかったです」という意味です。「〜して残念です」は〈Too bad + 主語 + 動詞〉と言います。run into 〜は「〜に偶然出会う」です。

❿ 楽しい

□ **This is a lot of fun!**
これってとても楽しい！

表現ワンポイント

funは「楽しみ」「面白さ」という名詞ですが、日本語で「楽しい」と言いたいときに使います。「楽しかった」はI had fun.です。funは数えられない名詞なので、冠詞のaや複数のsは付けません。

UNIT 33 ネイティブのように話そう
ネガティブ

話すためのヒント

「恥ずかしい」はembarrassing

このユニットでは、「腹がたつ」「がっかりする」「かわいそう」など、ネガティブな感情を表す練習をします。怒っている気持ちを表すには、mad、angry、upsetという形容詞や、drive me crazy(頭にくる)、get on my nerves(イライラする)などの表現が役に立ちます。

悲しさや失望の気持ちを伝えたければ、sad、depressed、disappointedが便利です。「恥ずかしい」も「(顔が赤くなるように)恥ずかしい」はembarrassing (embarrassed)、「(非道徳的なことをして)恥ずかしい」はashamed、「(屈辱を与えられて)恥ずかしい」はhumiliating (humiliated)などがあります。TPOによって使い分けましょう。

CD-2 3

---

❶ 動揺した

□ # Oh, my goodness!

ああ、たいへんだ!

表現ワンポイント

例えば、予想だにしなかったことが起こったときに「なんてことだ!」「これはたいへんだ!」など、動揺した心境を表すひと言です。Oh, my god!やOh, my gosh!という言い方もあります。

❷ 怒った

□ **She was mad.**

彼女は怒っていたよ。

表現ワンポイント

mad は「気が狂った」という意味ですが、「怒っている」という意味で頻繁に使います。angry や upset も同じような意味があります。furious [フュ**ア**リアス]（激怒している）という言葉もあります。

---

❸ 同情

□ **Poor thing.**

かわいそうに。

表現ワンポイント

poor は「貧しい」という意味でよく使いますが、「かわいそう」という同情する意味もあります。Poor guy.（かわいそうなやつだ）とも言います。

---

❹ 申し訳ない

□ **I feel so guilty.**

申し訳ないです。

表現ワンポイント

guilty [**ギ**ォティー] は guilt（罪）の形容詞で「有罪の」という意味ですが、相手に何か申し訳ないことをして、「悪いことをした」「罪深く感じる」という意味でもよく使います。

❺ 頭にきた

☐ **She drives me crazy sometimes.**
彼女にはときどき頭にくるよ。

表現ワンポイント

driveは「運転する」という意味でよく使いますが、「~を追い立てる」という意味もあります。drive me crazyは「私を気が狂った状態に追い立てる」、つまり「腹がたつ」ということです。

---

❻ がっかりした

☐ **I was so disappointed.**
とてもがっかりしました。

表現ワンポイント

disappointは「~を失望させる」です。「がっかりする」は「失望させられる」と考え受身形be disappointedにします。「私は落ち込んでいます」もdepress（落ち込ませる）の受身形I'm depressed.にします。

---

❼ 不愉快

☐ **That's disgusting.**
実に不愉快だ。

表現ワンポイント

disgustingは、「うんざりさせる」「とてもいやな」「吐き気をもよおさせる」というように不愉快さを表現します。I was disgusted by ~.（私は~にうんざりした）のように、人が主語になるとdisgustedを使います。

❽ イライラする

□ **He often gets on my nerves.**
彼にはよくイライラするよ。

表現ワンポイント

「私の神経(my nerves)に乗る(get on)」わけですから、「(神経に触って)イライラする」「かんに触る」という意味になります。nerveの形容詞nervousを使いI'm nervous.とすると「緊張している」ということです。

---

❾ 恥ずかしい

□ **How embarrassing!**
恥ずかしい！

表現ワンポイント

embarrassing［インバラスィン］は人を主語にした場合はI'm embarrassed.のようにingではなくedを使います。How ～！は「何と～だ！」という感情などの強調に使われます。

---

❿ 気分じゃない

□ **I'm not in the mood.**
そんな気分じゃないよ。

表現ワンポイント

moodは「ムード」「気分」という意味なので、「私はその気分の中にはいない」、つまり「そんな気になれない」ということです。I don't feel like it.(そうしたい気分ではない)とも言えます。

UNIT 34 ネイティブのように話そう
感謝する

話すためのヒント

英語ではお礼は一度きり！

感謝のしかたは日本語と英語で違いがあります。日本語では「どうも、どうも」と感謝の言葉を繰り返したり、「この間はどうも」と、日をまたいでお礼を言って感謝の気持ちを強調したりします。しかし、英語でお礼は一度だけ。何度も繰り返しては言いません。

Thank you.、I appreciate it.、I'm grateful to you. などを使い分け、会話を豊かにしていきましょう。他にもI'd appreciate it if you could.(そうしていただけたら嬉しいです)やThanks to you.(おかげさまで)なども覚えておくと、会話の幅が広がります。

CD-2
4

---

❶ 感謝の基本

□ **Thank you for** your help.
手伝ってくれてありがとう。

(表現ワンポイント)

「〜してくれてありがとう」と言うときは、Thank you forの後ろに相手がしてくれたことを付け加えます。感謝の理由を具体的に示すと、気持ちがこもって丁寧になります。

❷ カジュアルな感謝

□ **Thanks a lot.**
どうもありがとう。

(表現ワンポイント)

感謝の意 Thanks.(ありがとう)を強める言い方です。通常、友だちや同世代に対して使うので、使う相手に注意しましょう。もちろん、Thank you very much. でもOKです。

---

❸ おかげさま

□ **Thanks to you.**
おかげさまで。

(表現ワンポイント)

日本語の「おかげさまで」は、周囲の人すべてに感謝するということですが、Thanks to you. は、「あなたのおかげです」とその人(you)が何かをしてくれて、その人に対して感謝するときに使います。

---

❹ 行為に感謝

□ **I appreciate it.**
感謝しています。

(表現ワンポイント)

thankは「人に感謝する」、appreciateは「その人がしてくれたことに感謝する」という意味です。Thank you. の代わりに使ってみましょう。「ご親切に感謝します」はI really appreciate your kindness. です。

157

❺ 感謝の強調

□ **I can't thank you enough.**

何度お礼を言っても足りないくらいです。

(表現ワンポイント)

「私は十分に感謝できません」、つまり「言葉では言いつくせないほど感謝しています」という感謝の強調表現です。canと区別するためにcan'tを強く発音しましょう。

❻ 仮定法を使う

□ **I couldn't have done it without you.**

あなたなしにはできなかったでしょう。

(表現ワンポイント)

「あなたがいなかったら、成し遂げることはできなかった」、つまり「あなたがいたからできたことです（ありがとう）」という意味です。couldn't have done は仮定法過去完了です。

❼ 助かって

□ **You are so helpful.**

本当に助かります。

(表現ワンポイント)

helpful [ヘォプフォ] は「役に立つ」という意味の形容詞です。of great help とも言います。You've been a great help. と現在完了を使えば、「過去から今まで役に立ってくれている」という感謝の気持ちを表します。

❽ 親切に感謝

☐ **That's very kind of you.**

ご親切にありがとうございます。

表現ワンポイント

「感謝する」という意味の英語は入っていませんが、「あなたはとても親切ですね」と言って謝意を伝える表現です。これに対しては、例えば、Not at all．[ナーラーロォ]（いいえ、気にしないでください）と返します。

---

❾ 心より感謝

☐ **I'm grateful to my parents for their advice.**

両親のアドバイスに感謝しています。

表現ワンポイント

grateful［グレイトゥフォ］は「感謝している」という形容詞です。〈I'm grateful to（人）for（事）〉の形で、「（人）に～のことで感謝している」となります。most grateful は「とても感謝している」です。

---

❿ フォーマルな感謝

☐ **I'd like to express my deepest gratitude to you.**

深く感謝申し上げます。

表現ワンポイント

gratitudeはgratefulの名詞で「感謝の気持ち」という意味です。「感謝の気持ち（gratitude）を表現する（express）」、つまり「感謝申し上げる」という若干かしこまった表現です。

UNIT 35 ネイティブのように話そう
お詫びする

話すためのヒント　お詫びも反復を避けよう

　お詫びの表現も感謝の表現と同様に、「ごめん、ごめん」とか「昨日は申し訳ありませんでした」のように、英語では定型表現の反復は避ける傾向にあります。あまり、ぺこぺこすると「卑屈」とか「自己卑下」と受け取られてしまって逆効果です。

　お詫びの表現の定番はI'm sorry.、Excuse me.、Pardon me.です。ちなみに、これらを上げ調子で言うと「すみません。もう一度言ってもらえませんか」という意味にもなります。深く謝るときには、I apologize.やI'm terribly sorry.を使いましょう。

CD-2
5

---

❶ 軽く謝る

☐ **Sorry** about that.
それについてはごめん。

表現ワンポイント

軽く謝るときに使うひと言です。Sorry.だけ言う場合もあります。深くお詫びするときには、I'm really sorry.やI'm terribly sorry.を使いましょう。

❷ 謝罪の基本

□ **I'm sorry I'm late.**
遅れてごめんなさい。

表現ワンポイント

I'm sorryの後ろに主語と動詞を付けて具体的に謝る表現です。I'm sorry to hear that.（それを聞いて残念です）など、sorryは「残念だ」「気の毒に思う」という意味でも使います。

---

❸ ひと声かける

□ **Excuse me for asking.**
すみません、おうかがいしますが。

表現ワンポイント

人に話しかけるとき、ひと声かける表現です。Excuse me.だけでもOKです。「お話し中、すみません」はExcuse me for interrupting you.です。interrupt［インタラプトゥ］は「中断させる」という意味です。

---

❹ ひとりでないとき

□ **Excuse us.**
すみません。

表現ワンポイント

例えば、混雑しているエレベーターや電車から連れと一緒に降りるときに「すみません。降ります」と言いたいときなどに使います。失礼するのは自分だけではないので、Excuse me.ではなくExcuse us.を使いましょう。

❺ 深く詫びる

□ **I apologize.**
申し訳ないです。

表現ワンポイント

「申し訳ありません」と深くわびるときに使います。後ろに〈to(人)for 〜〉を使い、I apologize to you for what I did.(私がしたことについて申し訳なく思います)と具体的に謝る人と内容を表現します。

---

❻ ひと言ことわる

□ **Forgive me if I'm wrong.**
間違っていたら、お許しください。

表現ワンポイント

forgive [ファ**ギ**ヴ] は「許す」という意味の動詞です。自分が言うことにあまり自信がない場合に、文の前や後ろに付け足します。

---

❼ 誤解を解く

□ **I didn't mean that.**
そういうつもりではありませんでした。

表現ワンポイント

自分の発言が相手に誤解されて「そういう意味で言ったわけではありません」と弁解したいときに使います。meanは「意味する」です。I take it back.(言ったことは取り消します)という表現もあります。

❽ 非を認める

□ **It was my fault.**
私が悪かったです。

(表現ワンポイント)

自分の非を認めるときのひと言です。fault［**フォーォトゥ**］は「落度」「過失」という意味です。My bad.（ごめん、僕が悪かった）というスラングもあります。スラングはあまり多用しないほうがいいでしょう。

---

❾ そうすべきだった

□ **I should've done it ahead of time.**
私が前もってやっておくべきでした。

(表現ワンポイント)

謝罪の言葉に続けて〈I should have + 過去分詞〉の形を使い「私は〜するべきだったのに（そうしなかった）」と後悔や謝罪、反省の気持ちを表します。should have は should've［**シュダヴ**］と短縮して発音します。

---

❿ 後悔する

□ **I regret what I did to you.**
自分のしたことを後悔しています。

(表現ワンポイント)

regret は「後悔する」という意味の動詞です。You'll regret it.（君は後悔するよ）と相手に注意を促すときに使うこともできます。what I did to you は「私があなたに対してしたこと」という意味です。

Teddy's Special ❼

So what?

［**ソウワッ**ッ↘］

それがどうした？

　人がくよくよ悩んでいるときに、「だから何？　そんなのたいしたことないよ」と励ましてあげるときに使えます。私がアメリカの大学院に在学中、研究に行き詰まったり、生活に疲れたりしたときに、クラスメートたちとお互いに悩みを打ち明けながら、So what?（それがどうした？　そんなこと気にするなよ）と言って励まし合ったものです。

　言い方や状況によっては、「だから何なんだよ！　うるさいな」という意味にもなるのでご注意を！

Chapter 8

天気・時間・場所

UNIT 36〜UNIT 40

UNIT 36 ネイティブのように話そう
天気の会話 ①

話すためのヒント

天気はちょっとした話題に最適

　日本人はよく天気の話をすると言いますが、英語圏でもそれは同じです。A beautiful day!（いい天気ですね！）やLooks like it's gonna rain.（雨が降りそうですね）やIt's so hot today.（今日はとても暑いですね）など、会話を始めるきっかけとして使います。

　天気の話は話題が見つからないときには特に便利です。sunny（晴れている）、cloudy（曇っている）などの天気の基本的な形容詞と一緒に、hazy（霞んでいる）、humid（じめじめしている）、muggy（蒸し暑い）、breezy（そよ風がある）なども使えるようにしておくといいでしょう。

CD-2　6

---

❶ 雨が降りそう

☐ **Looks like it's gonna rain.**
雨が降りそうですね。

表現ワンポイント

Looks like ～は「～のように見える」、つまり「～しそうだ」ということです。gonnaはgoing toのことで、未来を表します。天気を表すときはItで文を始めましょう。

❷ 暖かくなって

☐ **It's getting warmer.**

暖かくなってきましたね。

表現ワンポイント

「暖かい」はwarm［**ウォーム**］です。「だんだん〜になってきている」はIt's getting 〜．を使います。基本動詞getは「変化させて新しい状態にする」というイメージです。「暖冬」はmild winterと言います。

---

❸ ひどく暑い

☐ **Boy, it's so hot today.**

いや〜、今日は本当に暑いね。

表現ワンポイント

boyは「男の子」という意味ですが、「いや〜！」「うわ〜！」など、驚きや感嘆を表すために文頭に使う間投詞でもあります。Boy!とは言いますが、Girl!とは言いません。

---

❹ 風が強くなって

☐ **The wind is picking up.**

風が強くなってきているよ。

表現ワンポイント

pick upは「(活動などが)活発になる」「(スピードが)あがる」「(風が)強まる」などの意味があります。「風が吹いている」はThe wind is blowing.です。

❺ 霞んでいる

□ **It was kind of hazy this morning.**
今朝は何となく霞んでいたね。

(表現ワンポイント)

hazy［**ヘ**イズィー］はhaze［**ヘ**イズ］（霞み）の形容詞で、「霞んでいる」という天気を表します。kind of（何となく）は2語つないで［**カ**イナ］のように軽く発音する場合もあります。

---

❻ 晴れてほしい

□ **I hope it'll be sunny tomorrow.**
明日は晴れるといいね。

(表現ワンポイント)

sunnyは「晴れている」という形容詞です。it will beはit'll beと短縮し、発音は［**イ**ロビ］のように聞こえます。天気予報の「明日はところにより曇りでしょう」はIt'll be partly cloudy tomorrow.と言います。

---

❼ じめじめ

□ **It's been so humid lately.**
最近とてもじめじめしていますね。

(表現ワンポイント)

humid［**ヒュ**ーミドゥ］は「じめじめしている」「湿気が多い」という意味です。「湿気」はhumidity［ヒュー**ミ**ディティ］です。lately（最近）は過去から現在までのことですから、現在完了（it's been）を使います。

❽ そよ風

□ **It's nice and breezy.**

風があって気持ちいいね。

表現ワンポイント

breezy［ブリーズィー］はbreeze［ブリーズ］(そよ風)の形容詞で「そよ風が吹いている」という意味です。windyは「風が強い」という意味なので区別して使いましょう。

---

❾ 台風

□ **A typhoon is coming.**

台風が来ているよ。

表現ワンポイント

typhoon［タイフーン］は「台風」のことです。「熱帯低気圧」はtropical stormです。「台風が熱帯低気圧に変わりました」はThe typhoon has changed to a tropical storm. と言います。

---

❿ 蒸し暑い

□ **It was muggy last night, wasn't it?**

昨日の夜は蒸し暑かったですね。

表現ワンポイント

muggy［マギー］は「蒸し暑い」という意味です。「〜ですね」と相手に確認する場合は、文末にisn't it?やwasn't it?を付けて、付加疑問文にしましょう。

UNIT 37 ネイティブのように話そう
天気の会話②

話すためのヒント 雨の表現もさまざま

　雨が激しく降ることを、日本語では「土砂降り」と言うように、「土砂」が勢いよく降ってくるイメージですが、英語では「犬と猫」が降ってくると発想しIt's raining cats and dogs.と言ったり、雨が勢いよく「流れ込む(pour)」と発想しIt's pouring.と言ったりします。雨の降り方もさまざまで、「パラパラ降る」はsprinkle、「小雨(霧雨)が降る」はdrizzleと言います。

　寒くなって「みぞれが降る」はsleet、「ひょうが降る」はhailです。

CD-2　7

---

❶ 豪雨

□ **It's raining so hard.**

ひどい雨ですね。

表現ワンポイント

「雨が降る」は英語ではIt rains.です。rainではなくitを主語にしましょう。「雨がひどく降る」の「ひどく」にはhardやheavily [ヘヴィリー]を使います。

❷ パラパラ降る

☐ **It began to sprinkle.**

雨がパラパラ降ってきたよ。

表現ワンポイント

sprinkle［スプ**リ**ンコォ］は「まき散らす」「ふりかける」という意味です。水をまくスプリンクラー（sprinkler）を思い出してみてください。パラパラと水が降ってくるイメージです。

❸ 霧雨

☐ **It's drizzling outside.**

外は霧雨です。

表現ワンポイント

drizzle［ドゥ**リ**ゾォ］は、「霧雨（が降る）」という名詞、または動詞です。小雨がしとしと降る様子をイメージしてください。

❹ 梅雨

☐ **The rainy season is finally over.**

やっと梅雨が明けた。

表現ワンポイント

「梅雨」はrainy seasonです。「〜が終わった」はoverで表します。「試合は終わった」はThe game is over.です。日本語では「終わった」と過去形を使いますが、英語は今終わっている状態と考えて現在形を使います。

❺ 雹が降る

□ It hailed this afternoon.
今日の午後、雹(ひょう)が降ったよ。

(表現ワンポイント)

hail［ヘイォ］は「ひょう(が降る)」という意味です。「みぞれ(が降る)」はsleet［スリートゥ］、「霜(が降りる)」はfrost［フロストゥ］です。It sleeted last night. やThere's frost on the grass. のように使います。

❻ 雪が降る

□ It snows a lot in Hokkaido.
北海道では雪がたくさん降ります。

(表現ワンポイント)

snowは「雪が降る」という動詞でもあります。rain(雨が降る)と同様、itを主語にしましょう。We have a lot of snow in Hokkaido. とも言えます。「ふぶき」はsnowstorm、「大ふぶき」はblizzardです。

❼ 好天になった

□ It turned out to be a beautiful day.
いい天気になりましたね。

(表現ワンポイント)

turn out to be ～は「結局～になる」という意味です。It's a nice day. やA beautiful day! でも大丈夫です。応答としてはIt sure is.［イッショァリーズ］(本当にそうですね)などがあります。

172

❽ 最近の天気

□ **The weather has been so nice for the last few days.**

ここ数日、天気がとてもいいですね。

表現ワンポイント

「天気」はweather［ウェザー］です。thの発音は舌を上下の歯と摩擦させます。「ここ数日」(for the last few days)は過去から現在のことなので、現在完了形(have [has] + 過去分詞)を使います。

---

❾ 暑さに参って

□ **This heat is killing me.**

この暑さにはかないません。

表現ワンポイント

kill［キォ］は「殺す」という意味でよく使いますが、「参らせてしまう」「圧倒する」という意味でも使います。英語では無生物のheatを主語にして「この暑さは私を参らせてしまう」と発想します。

---

❿ 凍えそう

□ **It's freezing outside.**

外はとても寒いです。

表現ワンポイント

freezeは「凍る」という意味なので、freezingは「凍りつくように寒い」となります。「冷凍庫」のことはfreezerと言いますね。I feel chilly.と言うと、「肌寒く感じる」「寒気がする」という意味です。

UNIT 38 ネイティブのように話そう
時間の会話 ①

話すためのヒント 時間の言い方の基本をマスターしよう

　時間の表現も、天気と同じように表現に特徴があります。例えば、「今何時ですか」はWhat time is it now?、「6時です」はIt's six o'clock.のように、主語にはitを使います。「2時40分です」はIt's two forty.と、日本語の「時」や「分」に当たる言葉は要りません。

　日本語では「3時10分前」のように、3時から10分戻りますが、英語ではIt's ten to three.と、「3時まであと10分ある」という発想です。「4時半(half past four)」は、日本語も英語も「半」と「half」を使いますが、英語はa quarter past four(4時15分)のように、15分を「1時間の4分の1」という意味でquarterで表すこともあります。

CD-2 8

---

❶ 時間を聞く

□ **What time is it now?**
今何時ですか。

(表現ワンポイント)
時間をたずねる定番の表現です。What time is it?の発音は[ワッタイミズィッ]のようにつながって聞こえます。上げ調子で言ったり下げ調子で言ったりします。時間も天気と同様、itを主語にします。

174

❷ 時間を聞く

□ **Do you have the time?**

今の時間がわかりますか。

表現ワンポイント

What time is it?と同じように使えます。冠詞のtheを取ってDo you have time?と言うと、「今、時間がありますか」、つまり「今空いてる?」「今ひま?」と、相手を誘うことになります。

❸ 時間を伝える

□ **It's 8:25.**

8時25分です。

表現ワンポイント

「〜時〜分」は数字を並べるだけで大丈夫です。8:25は［エイットゥウェニーファイヴ］、2:05のように分が1桁の場合は、［トゥーオウファイヴ］と、分の数字の前にゼロという意味の［オウ］を入れて言います。

❹ 30分過ぎ

□ **It's half past seven.**

7時半です。

表現ワンポイント

7時半は「7時(seven)から半分(half)過ぎている(past)」と発想します。もちろん、seven thirty(7時30分)でも大丈夫です。

❺ 15分前

□ **It's a quarter to nine.**
9時15分前です。

表現ワンポイント

a quarterは4分の1のこと。1時間の4分の1、つまり15分のことです。英語では「9時まで15分ある」と考えます。a quarter from nineとしないように注意しましょう。

---

❻ 正時に

□ **The concert starts at six o'clock.**
コンサートは6時に始まります。

表現ワンポイント

「6時に」など、「時刻」に使う前置詞はatです。o'clockを省略してat sixでも大丈夫です。日本語では「6時から（始まる）」と「から」を使うこともあるのでfrom sixとしないように注意しましょう。

---

❼ 曜日

□ **I usually stay home on Sunday.**
日曜日はたいてい家にいるよ。

表現ワンポイント

「曜日」には前置詞onを使います。onは、on June 7［7はseventhと発音］(6月7日に)のように「日」にも使います。「今日は7日です」のように、月を言わずに日付だけを言う場合は、the 7thと、theが必要です。

❽ 月を表す

□ **School starts in April in Japan.**
日本では学校は4月に始まります。

表現ワンポイント

「4月に」など、「月」に使う前置詞はinです。inはin 2020（2020年に）、in the twenty-first century（21世紀に）のように「年」や「世紀」にも使います。

---

❾ 何日か聞く

□ **What's today's date?**
今日は何日ですか。

表現ワンポイント

What's the date today?でもOKです。「5月2日です」はIt's May 2.です。「2日」はsecondと読みます。「今日は何曜日ですか」はWhat day is it today?です。通常、「日」にはdate、「曜日」にはdayを使います。

---

❿ 過去のこと

□ **I bought this jacket a few days ago.**
数日前にこのジャケットを買いました。

表現ワンポイント

「～日前」や「～年前」などには~ agoを使います。just a little while agoは「先ほど」、a long time agoは「ずいぶん前に」、How long ago was it?は「それはどのくらい前のことですか」という意味です。

177

UNIT 39 ネイティブのように話そう
時間の会話②

話すためのヒント

「おととい」は the day before yesterday

　yesterday(昨日)、today(今日)、tomorrow(明日)以外の時を表す言葉も知っておきましょう。例えば、the day before yesterday(おととい)や the day after tomorrow(あさって)も会話では頻繁に使われます。

　「ちょうど1週間前に(先週の今日)」は a week ago today、「ちょうど1カ月前に(先月の今日)」は a month ago today、「ちょうど1年前に(昨年の今日)」は a year ago today、逆に「ちょうど1週間後に(来週の今日)」は a week from today と言い、ago を from に置き換えます。

CD-2　9

---

❶ 今週

□ **I'm busy this week.**
今週は忙しいです。

表現ワンポイント

「今週」は this week、「先週」は last week、「来週」は next week です。「今月(年)」「先月(年)」「来月(年)」も同じように this month (year)、last month (year)、next month (year) となります。

❷ おととい

□ **I got here the day before yesterday.**

おととい、ここに到着しました。

(表現ワンポイント)

「おととい」はthe day before yesterday（昨日の前の日）と言います。「さきおととい」という決まった単語は英語にはありませんが、two days before yesterdayと言うことができます。

---

❸ あさって

□ **Can we meet the day after tomorrow?**

あさってお会いできますか。

(表現ワンポイント)

「あさって」は「明日（tomorrow）の後の日」と発想するので、the day after tomorrowです。「しあさって」はtwo days after tomorrowとなります。

---

❹ 先々週

□ **The accident happened the week before last.**

事故は先々週に起こりました。

(表現ワンポイント)

「先々週」は「先週（last week）の前の週」と考え、the week before lastとします。同様に、「先々月」はthe month before last、「一昨年」はthe year before lastとなります。

❺ 再来週

□ **I'll turn in my application the week after next.**

申込用紙は再来週に提出します。

> 表現ワンポイント
>
> 「再来週」は「来週(next week)の後の週」なので、the week after nextです。同様に、「再来月」はthe month after next、「再来年」はthe year after nextとなります。

❻ 明日まで

□ **Please wait till tomorrow.**

明日まで待ってください。

> 表現ワンポイント
>
> 「〜まで」はtill 〜やuntil 〜を使います。by(〜までに)と混同しないようにしましょう。byは、I have to submit my report by five.(5時までに報告書を提出しなければなりません)のように使います。

❼ 所要時間

□ **How long does it take to get there?**

そこに着くのにどのくらいかかりますか。

> 表現ワンポイント
>
> 「どのくらいの時間がかかるか」はHow long does it take to 〜?を使いましょう。〈It takes（人）+ 時間〉の形を使い、例えば、It takes (you) about 15 minutes.(約15分かかります)のように答えます。

❽ 今度の金曜日

□ **I'll take a test this coming Friday.**
今度の金曜日にテストを受けます。

表現ワンポイント

this coming Fridayは「今度の(次の)金曜日」のことです。next Fridayでもいいのですが、今週なのか来週なのかがはっきりしない場合があるので、this coming 〜が便利です。

❾ 来週の今日

□ **We are leaving a week from today.**
私たちは来週の今日、出発します。

表現ワンポイント

「来週の今日」は「今日から1週間」と発想しa week from todayと言います。「来週の明日会いましょう」はI'll see you a week from tomorrow.となります。

❿ 1年前の今日

□ **I came to Tokyo a year ago today.**
私はちょうど1年前の今日、東京に来ました。

表現ワンポイント

「1年前の今日」も言えそうで言えない表現ですね。でも、実は簡単。「1年前(a year ago)」と「今日(today)」を続けるだけで大丈夫です。「先週の今日」はa week ago todayです。

UNIT 40 ネイティブのように話そう
場所・空間

話すためのヒント　前置詞を上手に使いこなそう

このユニットでは、前置詞を使って場所や空間を表す練習をしましょう。in、on、at の基本的な前置詞を使って、in front of(～の前に)、on the other side of(～の反対側に)、at the end of(～のつきあたりに)などが表現できます。

また、前置詞のイメージを理解すると表現の幅が広がります。例えば、underは「下」のイメージですから、under a lot of stressは「たくさんのストレスの下」→「ストレスでいっぱい」、under the tableは「テーブルの下」→「こっそりと」、under controlは「統制(管理)の下」→「順調に」となります。

CD-2
10

---

❶ テーブルの上

□ **The newspaper is on the table.**
新聞はテーブルの上にあるよ。

(表現ワンポイント)

onは表面に接していることを表します。on the wall(壁にかけて)、on the ceiling(天井にくっついて)のように必ずしも上とは限りません。aboveは「上方に」、overは「真上におおいかぶさる」イメージです。

❷ 座席の下

□ **A life jacket is under your seat.**
救命胴衣は座席の下にあります。

表現ワンポイント

under は「(真)下に」というイメージです。under the water は「水中に」です。「下方に」は below [ビ**ロ**ウ] です。below sea level (海面より下に)、below the horizon (地平線の下に) のように使います。

❸ 袋の中

□ **What's in the bag?**
その袋の中には何が入っているの？

表現ワンポイント

in は「〜の中に」という場所を表す前置詞です。in trouble は「トラブルの中にいる」、つまり「困っている」、in good health は「健康の中にいる」、つまり「健康だ」のように、状況を表すこともできます。

❹ 家の中に

□ **Let's go into the house.**
家の中に入ろう。

表現ワンポイント

in が「中」という位置を表すのに対し、into は「〜の中へ」という動きを示します。「〜の外へ」は out of を使い、例えば、She came out of the room. (彼女は部屋から出てきました) のように表現します。

❺ 薬局の隣

□ **The coffee shop is right next to the pharmacy.**

喫茶店は薬局のすぐ隣です。

(表現ワンポイント)

nextは順序では「次」、場所では「隣」という意味です。next to ～で「～の隣」となります。right（ちょうど）はnextの意味を強調します。「薬局」はpharmacy［**ファ**ーマスィー］です。

---

❻ 家の前

□ **There's a park in front of my house.**

私の家の前に公園があります。

(表現ワンポイント)

frontは「前」「表」という場所を表す言葉で、［フ**ラ**ントゥ］のように発音します。「～の前に」は in front of ～です。ホテルの「フロント」はfront desk、またはreception deskです。

---

❼ 郵便局の後ろ

□ **My company is behind the post office.**

私の会社は郵便局の後ろにあります。

(表現ワンポイント)

「～の後ろに」はbehind［ビ**ハ**インドゥ］です。behind the mountainは「山の向こうに」です。Please leave nothing behind. は、「後ろに何も残さないように」、つまり「忘れ物がないように」という意味です。

❽ 橋の向こう

☐ **The hospital is beyond the bridge.**

病院は橋の向こうです。

表現ワンポイント

「〜の向こう」「〜を越えたところ」はbeyondで表します。beyond the mountainは「山の向こう」、beyond the streetは「通りの向こう」です。道案内にも便利な表現です。

---

❾ 反対側

☐ **The entrance is on the other side of the building.**

入口は建物の反対側です。

表現ワンポイント

the otherは、2つのうちの「他のもうひとつ」という意味なので、the other sideは「反対側」となります。opposite［**オ**ポスィッ（トゥ）］（反対の）を使いon the opposite sideとも言えます。

---

❿ つきあたり

☐ **The restrooms are at the end of the hall.**

お手洗いは廊下のつきあたりです。

表現ワンポイント

endは「終わり」「端」、hallは「廊下」という意味なので、the end of the hallで「廊下の端」、つまり「廊下のつきあたり」を表します。

Teddy's Special ❽

Not to my knowledge.

[**ナ**ットゥーマイ**ナ**リッヂ]

私が知る限りでは、ないですね。

　この表現は日本の英語の教科書にはあまり出てきませんが、アメリカに住んでいたらよく使うフレーズです。例えば、「この近くにイタリアレストランはある？」と聞かれて、「さあ、自分が知っている限りではないよ」と答えるときに使います。

　似たような表現に Not that I know of.［**ナ**ッダライ**ノ**ウオヴ］があります。これも「自分が知っている範囲ではノーだ」という意味です。「知らない」は I don't know. だけではなく、ネイティブっぽく、このような表現も使ってみてはいかがでしょう？

Chapter 9

イベントとパーティー

UNIT 41～UNIT 45

UNIT 41 ネイティブのように話そう
日本の行事

話すためのヒント

日本の行事を英語で話してみよう

　日本では、「はたち」という言葉があるくらい、20歳になる年は特別な節目の年です。アメリカでは、特に「成人の日（Come-of-Age Day）」はありません。しかも、お酒やたばこは21歳からです。

　日本のバレンタインデー（St. Valentine's Day）は女性が男性にチョコレートをあげる習慣がありますが、アメリカでは、男女に関係なく、自分の家族にもプレゼントを渡すこともあります。ちなみに、英語圏に「ホワイトデー」という日は存在しません。

CD-2
11

❶ 成人式

☐ **I wore a kimono at the coming-of-age ceremony.**

成人式では着物を着ました。

（表現ワンポイント）

「成人」は「大人」と同じadult［アダォトゥ］やgrown-up［グロウンナッ（プ）］で表します。「成人の日」はCome-of-Age DayやAdult's Dayです。「彼は未成年です」はHe's under age. です。

❷ バレンタインデー

☐ **We went on a date on St. Valentine's Day.**

僕たちはバレンタインデーにデートをしたよ。

(表現ワンポイント)

「バレンタインデー」は St. Valentine's Day です。Valentine の前に St.[**セ**イントゥ]、後ろに's[ズ]を付けて言いましょう。「デートをする」は go (out) on a date です。

---

❸ お花見

☐ **Let's go to see the cherry blossoms.**

(桜の)お花見に行こうよ。

(表現ワンポイント)

日本で言う「お花見」の習慣はアメリカにはありません。「お花見をする」は go to see the cherry blossoms(桜の花を見に行く)と言いましょう。

---

❹ お盆

☐ **Our family members get together during the obon season.**

私たちの家族は、お盆の季節に集まります。

(表現ワンポイント)

「集まる」は get together[**ゲ**ットゥ**ゲ**ザー](thは上下の歯と舌の摩擦音です)を使ってみましょう。「そのうちまた会おうよ」と友だちを誘うときも、Let's get together again soon. と言えます。

❺ 花火大会

☐ **I went to the fireworks festival with my girlfriend.**

彼女と花火大会に行ったよ。

表現ワンポイント

夏祭りの定番の花火大会。「花火」はfireworksと、通常、複数にします。workは「作品」という意味で、「火の作品」とうわけです。workは「仕事」の意味では数えられませんが、「作品」の意味では数えられます。

---

❻ 大晦日

☐ **We ate soba noodles on New Year's Eve.**

大晦日にそばを食べました。

表現ワンポイント

「そばを食べる」はeat (Japanese) soba noodlesでOKです。「大晦日」は新年の前夜(eve)ですから、New Year's Eveです。大晦日は「日」ですから、前置詞はonを使います。

---

❼ カウントダウン

☐ **I want to go to the countdown at Universal Studios.**

ユニバーサルスタジオのカウントダウンに行きたいなあ。

表現ワンポイント

countdownのtはほとんど発音せず[カウンダウン]、Studiosは[ストゥーディオウズ]のように発音しましょう。Universal Studiosの最後のsを忘れないように。

❽ 年末のあいさつ

☐ **Have a happy new year!**

よいお年を！

表現ワンポイント

Happy New Year! でもOK。Happy New Year!（新年、おめでとう！）は、年末に言えば「よいお年を！」という意味にもなります。Best wishes for the New Year (the coming year)！とも言えます。

❾ 初詣

☐ **Why don't we go to the shrine on New Year's Day?**

元日に神社に行かない？

表現ワンポイント

「初詣」も日本の独特の文化です。「神社」はshrine［シュ**ラ**イン］。go to the shrine on New Year's Dayと言えば、「初詣に行く」になります。Why don't we ~ ?は「～しない？」と人を誘うときに使います。

❿ 干支

☐ **This is the year of the monkey.**

今年は申（さる）年です。

表現ワンポイント

例えば、「私は未（ひつじ）年生まれです」と言いたければ、I was born in the year of the sheep. です。「干支（えと）」はzodiac signs［**ゾ**ウディアック **サ**インズ］と言います。

UNIT 42 ネイティブのように話そう
アメリカの行事

話すためのヒント アメリカの習慣を知っておこう

アメリカでは、クリスマスパーティーでホームメイドのケーキを焼いたりはしますが、日本のお店で売っているようなクリスマスケーキはありません。

また、相手の家族にご不幸があった年には、年末年始のお決まりのあいさつであるMerry Christmas!やHappy New Year!は、merryやhappyに「楽しい」というイメージがあるので、できるだけ避けたほうがいいでしょう。例えば、I hope you have peaceful and restful holidays.(穏やかで安らぎのある休日を過ごされることを願っています)のような表現がベターです。

---

❶ 独立記念日

☐ **Let's celebrate the Fourth of July.**
独立記念日をお祝いしよう！

（表現ワンポイント）

「独立記念日」はIndependence Dayです。アメリカでは7月4日なので、the Fourth of Julyと言えば、独立記念日のことを意味します。celebrate［セレブレイトゥ］は「祝う」という意味です。

❷ ハロウィーン

□ **Trick or treat!**
お菓子をくれないと、いたずらするぞ！

表現ワンポイント

10月31日のハロウィーン（Halloween）の夜に、子どもたちが仮装して近所を歩きまわってお菓子をねだるときの表現です。[トゥ**リ**ッカトゥ**リ**ートゥ] のように発音します。

---

❸ 感謝祭

□ **People eat turkey on Thanksgiving Day in the U.S.**
アメリカでは感謝祭の日には七面鳥を食べます。

表現ワンポイント

Thanksgiving Day は「感謝祭」のことで、アメリカでは11月の第4木曜日です。クリスマスの次に大切な日で、家族や親戚が集まり、七面鳥を食べる習慣があります。学校は、この週の木金土日は、たいてい休みです。

❹ 感謝祭の翌日

□ **The shopping mall is extremely crowded on Black Friday.**
ブラックフライデーには、ショッピングモールはすごく混雑します。

表現ワンポイント

Black Friday は11月第4木曜日の「感謝祭」の翌日の金曜日です。「感謝祭」が終わると今度はクリスマスの準備。街はセールで大混雑します。extremely [イクストゥ**リ**ームリー]（すごく）は次の語を強調します。

❺ 年末のあいさつ

☐ **Happy holidays!**
よい休日を！

(表現ワンポイント)

クリスマスやお正月にMerry Christmas!やHappy New Year!の代わりによく使います。この時期の休日はたいてい数日あるので、holidaysと複数にしましょう。

---

❻ クリスマス

☐ **I wish you a Merry Christmas!**
楽しいクリスマスを！

(表現ワンポイント)

wishは「願う」という意味です。「あなたが楽しいクリスマスを迎えることを願います」ということです。もちろん、Merry Christmas!でもOK。そう言われたら、Same to you.(あなたもね)と返しましょう。

---

❼ 年末年始のあいさつ

☐ **I hope you have peaceful and restful holidays.**
穏やかで安らぎのある休日を過ごされることを願っています。

(表現ワンポイント)

これも、クリスマスと年末年始の休暇のときのひと言です。「〜を願っています」はI hope 〜.でも表せます。peacefulは「穏やかな」、restfulは「安らぎのある」という意味です。

❽ ケーキはない

□ **There's no such thing as Christmas cake in America.**

アメリカにはクリスマスケーキなんてないよ。

表現ワンポイント

「〜のようなものは存在しない」と言うときには、There's no such thing as 〜 . を使いましょう。in Americaは [イナ**メ**リカ] のように発音します。

❾ 卒業式

□ **Tomorrow is my son's commencement.**

明日は私の息子の卒業式です。

表現ワンポイント

「卒業式」はgraduation ceremonyとも言います。commencementは、主に高校や大学の卒業式のことで、commencementには「終わり」ではなく「始め」という意味があります。

❿ お誕生日

□ **Happy birthday! I hope you have many more.**

お誕生日おめでとう！　これからも何度もあることを願っているよ。

表現ワンポイント

Happy birthday!と言った後で、もうひと言、「これからも健康で、何度も誕生日が迎えられますように」と言ってあげれば、さらに思いが伝わりますね。

UNIT 43 ネイティブのように話そう
パーティー

話すためのヒント

ホームパーティーのマナー

日本で人の家の食事に招かれたときには、お客さんが台所に入り込んで料理の手伝いをすることは稀ですね。しかし、アメリカでは、お客さんが料理やテーブルのセッティングなどのお手伝いをよくします。

お客さんに対して距離を置きすぎず、家族の一員としてフレンドリーに接することがアメリカのマナーとも言えます。パーティーの席などでは、Anything I can help you with? と言って、積極的に手伝いを申し出ましょう。

CD-2
13

---

❶ 持ち寄りパーティー

□ **We'll have a pot luck party this weekend.**

今週末に持ち寄りパーティーをするよ。

表現ワンポイント

pot luck partyは、参加する人たちそれぞれが、飲み物や食べ物を持参する「持ち寄りパーティー」のことです。「飲み物は各自持って来てください」ということをBYOB（Bring your own bottle.の頭文字語）と言います。

❷ 手ぶらでどうぞ

□ **Just bring yourself.**

何も持ってこなくていいよ。

表現ワンポイント

人をパーティーに呼んだ際に、What should I bring?(何を持ってきたらいいですか)と聞かれたときに返すひと言です。「自分だけを持ってきなさい」、つまり「何も持ってこなくていい」ということです。

---

❸ 出席者

□ **Who's coming to the party?**

パーティーには誰が来るんですか。

表現ワンポイント

Who'sはWho isの短縮形です。Who(誰が)が主語として使われるときは、3人称単数扱いです。パーティーに来る人が複数予測されても、動詞にはisを使います。Who are coming?と言わないように注意しましょう。

---

❹ ご自由にどうぞ

□ **Help yourself to the food and drinks.**

食べ物や飲み物は自由に取って食べてください。

表現ワンポイント

お客さんに食べ物や飲み物を勧める表現です。help yourself to ～は「～を自由に取って食べる(飲む)」という意味です。Help yourself. [ヘォピョーセォフ] だけでも大丈夫です。

197

❺ お祝い

□ **What's the occasion?**

何のお祝いなの？

表現ワンポイント

occasion［オ**ケ**イジュン］は「(特別な)出来事」「行事」という意味です。自分が知らない集まりやお祝いパーティーに出くわしたときに使うひと言です。

---

❻ 送別会

□ **Let's arrange a farewell party for Steve.**

スティーブのために送別会を企画しよう。

表現ワンポイント

arrange［ア**レ**インジ］は「手はずを整える」「準備する」という意味です。farewell［**フェ**アウェォ］は「別れ」なので、farewell partyは「送別会」のこと。「歓迎会」はwelcome partyです。

---

❼ 手伝いを申し出る

□ **Anything I can help you with?**

何か手伝うことはないですか。

表現ワンポイント

パーティーに招待された際に、手伝いを申し出る表現です。Anythingの前にIs there（ありますか）が省略されています。Can I help you with anything?とも言えます。

❽ くつろいで

☐ **Just sit back and relax.**

座ってゆっくりしていてください。

表現ワンポイント

手伝いの申し出に対して、「くつろいでいてください」と、気づかいの気持ちを表すひと言です。sit backは「後ろに座る」、つまり「椅子にゆったり座る」という意味です。

❾ 同席できて

☐ **We really enjoyed your company.**

ご一緒できてとてもよかったです。

表現ワンポイント

companyは「会社」という意味でよく使いますが、「同席すること」という意味もあります。「あなたが同席してくれたことを楽しんだ」ということです。Thank you for coming.（来てくれてありがとう）とも言えます。

❿ 楽しかった

☐ **We had a wonderful time tonight.**

今夜はとても楽しかったです。

表現ワンポイント

パーティー終了後、帰宅する際に、パーティーに呼んでくれた人に対して言うお礼の表現です。We really enjoyed the party.（本当にパーティーを楽しみました）とも言えます。

UNIT 44 ネイティブのように話そう
冠婚葬祭

話すためのヒント 「披露宴はこじんまりと」がアメリカ流

アメリカの結婚披露宴(wedding reception)は、日本で行われるような大きなものではないことが多いです。例えば、お金持ちの家庭でも、場所は自宅の裏庭、出席者は家族、親戚、親しい友人など20名程度ということもあります。ご祝儀はお金ではなく、お皿やカップやシルバーウェアなど、新しい生活に必要な品物を送ったりします。

お祝いの言葉はCongratulations on your marriage!（結婚おめでとう！）やI hope you'll have a happy married life.(幸せな結婚生活をお送りください)などがあります。

CD-2 14

❶ 結婚のお祝い

□ **Congratulations on your marriage!**
ご結婚おめでとうございます！

表現ワンポイント

「おめでとう！」というお祝いの言葉はCongratulations!［クングラッチュレイシュンズ］です。語尾にsを忘れないようにしましょう。具体的なお祝いの内容を述べる場合は、後ろにon ～を付けましょう。

❷ 結婚する

□ **Sayaka is getting married to Billy next month.**

サヤカは来月ビリーと結婚するんだよ。

> 表現ワンポイント
>
> 「結婚する」はget married［ゲッ**メ**アリドゥ］です。「〜と」と結婚相手を続ける場合は、〈to + 人〉とします。「〜と一緒に」という意味のwithを使わないように注意しましょう。

❸ お幸せに

□ **I hope you'll have a happy married life.**

幸せな結婚生活をお送りください。

> 表現ワンポイント
>
> 「〜な生活を送る」と言いたい場合は、基本動詞haveを使い、have a 〜 lifeとなります。「愛に満ちた生活を送る」はhave a life filled with loveです。

❹ 結婚披露宴

□ **I've been invited to my friend's wedding reception.**

友だちの結婚披露宴に招待されています。

> 表現ワンポイント
>
> 過去に招待されて、今もまだ招待されている状態なので、現在完了形を使います。「結婚披露宴」はwedding partyやwedding banquet［バンクウィットゥ］とも言います。「結婚式」はwedding ceremonyです。

❺ 結婚記念日

☐ **Happy anniversary!**

結婚記念日おめでとう！

表現ワンポイント

anniversary［アニ**ヴァ**ーサリー］は「結婚記念日」のことです（UNIT 3の❷を参照）。Happy birthday!（誕生日おめでとう！）と同様、Happyを文頭に付けるだけで、お祝いの気持ちを表現できます。

---

❻ ご逝去

☐ **Her grandfather passed away last week.**

先週、彼女のおじいさんがお亡くなりになりました。

表現ワンポイント

pass awayは「（人が）亡くなる」という意味で、die（死ぬ）の間接表現です。「おじい様がお亡くなりになりましたこと、お気の毒に思います」はI'm sorry to hear about your grandfather's passing away. です。

---

❼ お葬式

☐ **What time does the funeral start?**

お葬式は何時に始まりますか。

表現ワンポイント

「お葬式」「葬儀」「告別式」はfuneral［**フュ**ーネラォ］で表します。「国葬」はstate funeralと言います。「火葬する」はcremate［ク**リ**ーメイトゥ］、「火葬場」はcrematory［ク**リ**ーマトーリー］です。

❽ お通夜

□ **The wake will be held tonight.**

お通夜は今夜です。

(表現ワンポイント)

wakeは「目を覚ます」という動詞でよく使いますが、「お通夜」という名詞でもあります。heldはhold（[会など]を開く）の過去分詞で、ここでは受身形（開かれる）になっています。

---

❾ お悔やみ

□ **My condolences to you and your family.**

あなたとご家族にお悔やみ申し上げます。

(表現ワンポイント)

condolences［クンドウランスィズ］は「お悔やみ」や「弔辞」という意味です。Please accept my condolences. やI wish to extend my sympathies to you. という表現もあります。

---

❿ 遺骨

□ **My grandmother's remains are kept in the temple.**

祖母の遺骨はお寺に安置されています。

(表現ワンポイント)

「遺骨」はremains［リメインズ］です。remainは「残る」という意味があるので、「（火葬して）残ったもの」というイメージです。bones（骨）は、直接的すぎるので間接的に表現します。

UNIT 45 ネイティブのように話そう
写真を撮る

> **話すためのヒント**
>
> **「笑顔で」はSay cheese!**
>
> イベントがあるたびに、写真撮影は欠かせないものですね。最近では「自撮り（selfie）」もありですが、近くに人がいるのであれば、ひと言、Would you mind taking our picture?（写真を撮ってもらえませんか）と言って頼んでみましょう。Could I ask you to take a picture of us? と言うこともできます。
>
> 撮ってあげるときは、Say cheese! とか Smile! とか One, two, three. などと声をかけます。アメリカでは「ピース」をしながら写真を撮ってもらう習慣はありません。

CD-2
15

❶ 写真を頼む

☐ **Would you mind taking our picture?**
写真を撮っていただけませんか。

表現ワンポイント

「（写真）を撮る」はtakeを使います。Would you mind ～ing? は丁寧な頼み方です。mind（気にする）を使い「～することを気にしますか」と聞いているので、Not at all.（いいえ、全然）と言って撮ってあげましょう。

❷ 撮影を申し出る

□ **Do you want me to take your picture?**
写真をお撮りしましょうか。

表現ワンポイント

相手の写真を撮ることを申し出る場合は、Do you want me to ～? を使ってみましょう。Shall I take your picture? でもOKです。

❸ 写真の背景

□ **We want the ocean behind us.**
背景に海を入れてほしいんです。

表現ワンポイント

「背景に～を入れる」はbehind ～（～の背後に）を使います。Could you take our picture with the ocean in the background?（海を背景に写真を撮っていただけませんか）とも言えます。

❹ 縦に撮る

□ **Could you take it vertically?**
縦に撮ってくださいませんか。

表現ワンポイント

「写真を縦に撮る」と言う場合の、「縦に」はvertically［ヴァーティカリー］を使います。「横に」はhorizontally［ホリゾンタリー］です。

205

❺ 寄ってもらう

□ **Please move a little closer.**

2人とももう少し寄ってください。

(表現ワンポイント)

「(お互いに) もっと近くに寄る」は move closer を使ってみましょう。closer [クロウサー] は close [クロウス] の比較級です。「より近く (closer) に動く (move)」とイメージします。

❻ 撮影禁止

□ **You're not allowed to take pictures here.**

ここは撮影禁止です。

(表現ワンポイント)

allow [アラウ] は「許す」という意味です。〈allow + 人 + to + 動詞の原形〉の形で使い、ここでは「写真を撮ることは許されていない」、つまり「撮影禁止」ということです。

❼ 写真のポーズ

□ **Give me a pose.**

ポーズをとって。

(表現ワンポイント)

give me a pose は「ポーズを私にください」、つまり「ポーズをとってください」となります。pose は [ポーズ] と伸ばさずに [ポウズ] と発音します。

❽ 集合写真

□ **Okay, we're gonna take a group picture!**

は〜い、集合写真を撮りますよ。

> 表現ワンポイント
>
> 「集合写真」はgroup pictureです。be gonna 〜はbe going to 〜のくだけた言い方で、「(すぐに、近いうちに)〜するつもりです」と未来のことを言う場合に使います。

---

❾ 笑顔を求める

□ **Say cheese!**

はい、チーズ！

> 表現ワンポイント
>
> 日本語では［チーズ］と発音しても笑った顔にはなりませんが、英語のcheeseのeeの発音は、口を横に広げた発音なので笑顔になります。もちろんSmile!(笑って！)とも言います。

---

❿ 写真写り

□ **You're photogenic.**

あなたは写真写りがいいですね。

> 表現ワンポイント
>
> photogenic［フォウタジェニック］は「写真写りがいい」という意味の形容詞です。「テレビ映りがいい」「テレビ向きの」はtelegenicです。

Teddy's Special ❾

They're selling like hot cakes.

［デァ**セ**リンライク**ハッ**ケイクス］

飛ぶように売れているよ。

　英語では、飛ぶように売れることを「ホットケーキのように売れる」と言います。アメリカではドラマや映画にもよく出てくるフレーズです。sellの代わりにgoを使うこともあります。この表現は、いろいろなイベントで、ホットケーキは焼いたらすぐに売り切れてしまう、ということから来ています。

　主語には、tickets（チケット）、doughnuts（ドーナッツ）、the new product（新しい製品）など、さまざまなものが使えます。食べ物としての「ホットケーキ」はpancakeと言うほうが一般的です。

Chapter 10

アメリカ生活

UNIT 46〜UNIT 50

UNIT 46 ネイティブのように話そう
恋愛をする

話すためのヒント

loveはいつでも欠かせない！

恋愛の感情を表す表現は数に限りがありません。エルビス・プレスリーが歌った名曲Can't Help Falling in Love with Youも「好きにならずにはいられない」という恋心の表現です。このユニットでは、失恋も含めてそのいくつかを紹介します。

まず、loveという言葉は欠かせませんね。I love you. や I'm in love with you. など、loveは動詞と名詞のどちらでも使います。precious（大切な）やsweet（優しい）なども、恋愛感情を表現するには便利な言葉です。悲しい恋心を表現するcrush（片思い）やbreak up（別れる）なども知っておくと、表現力がふくらみます。

CD-2 16

---

❶ プロポーズ

☐ Will you marry me?
結婚してもらえませんか。

表現ワンポイント

プロポーズのときのお決まりのセリフです。Will you ～?は「～してくれませんか」と、人にお願いをするときに使います。get married to ～と同じようにmarry ～は「～と結婚する」という意味です。

❷ 愛している

□ I'm in love with her.
彼女を愛しているんだ。

(表現ワンポイント)

be in love with ~ は「~と恋の中にいる」、つまり「~と恋に落ちている」となります。結局、I love her. ということです。「恋に落ちる」は fall in love です。

---

❸ 愛情表現

□ You're so precious to me.
あなたは私にとってとても大切な人なの。

(表現ワンポイント)

precious［プレシャス］は「貴重な」「大切な」という意味です。You mean a lot to me. も「あなたは私にはたくさんの意味を持つ」、つまり「かけがえのない人」ということです。

---

❹ 優しい

□ My boyfriend is so sweet.
私の彼氏はとても優しいの。

(表現ワンポイント)

sweet は「甘い」という意味でよく使いますが、「(人が)優しい」「親切な」という意味もあります。特に女性がよく使います。

❺ 破綻する

☐ **They broke up.**

彼らは別れてしまったんだ。

表現ワンポイント

broke［ブロウク］はbreak［ブレイク］(壊れる)の過去形です。break upは「ばらばらになる」、つまり「関係が終わる」「別れる」という意味になります。

---

❻ 片思い

☐ **Daisuke has a crush on Yumi.**

ダイスケはユミに片思いをしている。

表現ワンポイント

crush［クラッシュ］は「押しつぶす(こと)」という意味ですが、会話では「夢中」「片思い」という意味でも使います。have (get) a crush on ～の形で表現します。

---

❼ 寄り添う

☐ **Snuggle up to me.**

寄り添ってよ。

表現ワンポイント

snuggle［スナゴォ］は「寄り添う」「すり寄る」という意味です。cuddle［カドォ］(寄り添って寝る、抱きしめる)を使ってCuddle me.と言うこともできます。

❽ 恋人

□ **He's my steady.**

彼は私の恋人なの。

(表現ワンポイント)

steady［ス**テ**ディー］は「安定した」という意味の形容詞ですが、会話では「安定して付き合っている人」「決まった恋人」という名詞でもあります。my date は「デートの相手」です。

---

❾ 馴れ初め

□ **How did you get to know him?**

彼とはどういうふうに知り合ったの？

(表現ワンポイント)

「〜するようになる」は〈get to + 動詞の原形〉を使います。get to know 〜で「〜を知るようになる」、つまり「〜と知り合う」となります。

---

❿ 元カレ

□ **I got a phone call from my ex the other night.**

何日か前の夜、元カレから電話があったわ。

(表現ワンポイント)

この場合、ex［**エ**ックス］はex-boyfriend（元カレ）やex-girlfriend（元カノ）のことです。ex-は名詞の前に付けて「前の」という意味になります。my ex-wife（ex-husband）は「前妻（前夫）」です。

UNIT 47 ネイティブのように話そう
ファッション

話すためのヒント

おめかしした人にはdressed up

ファッション(fashion)や身だしなみ(personal appearance)は、大人が社会で評価される大切な基準のひとつになることがあります。それについて英語で表現できることも、また大切です。このユニットでは、相手の身なりを褒めたり描写したりする表現を見ていきましょう。

「服」のことはclothesやoutfitです。「流行を追う」ことはfashionableやstylishで表現できます。服装の特徴はflashy（派手な）やdressed up（おしゃれな）などを使ってみましょう。また、身だしなみが悪い様子を表す言葉には、sloppy（だらしない）やslob（だらしない人）があります。

CD-2
17

❶ おしゃれ

□ **You're so fashionable.**

あなたはとてもおしゃれですね。

表現ワンポイント

fashionableは「流行を追う」という意味の形容詞で、つまり「おしゃれ」ということです。stylish［ス**タ**イリッシュ］という語もあります。「服装に凝る人」のことをclotheshorse［ク**ロ**ウズホース］とも言います。

❷ 流行

□ **It's in fashion now.**

それは今、流行っているよ。

表現ワンポイント

in fashion は「流行の中に入っている」、つまり「流行っている」ということです。反対に out of fashion は「流行から外に出ている」、つまり「すたれている」という意味です。

---

❸ 流行

□ **These pants are the fad among young people.**

このズボンは若い人たちの間で流行しています。

表現ワンポイント

流行に関する言葉をもうひとつ。「一時的な流行」のことを、カジュアルな言い方で fad [**ファ**ドゥ] とも言います。「最新の流行のもの」は the latest fad です。pants(ズボン)は複数扱いです。

❹ 服装

□ **You're wearing a nice spring outfit.**

すてきな春服を着ていますね。

表現ワンポイント

outfit [**ア**ウッ(トゥ)フィッ(トゥ)] は「(上下ひとそろいの)服装」という意味です。一般的に「服」は clothes です。発音は close(閉める)と同じ [ク**ロ**ウズ] でOKです。

❺ 派手な

□ **She always wears flashy clothes.**

彼女はいつも派手な服を着ているね。

(表現ワンポイント)

flashyは「派手な」「けばけばしい」という意味の形容詞です。flashは「閃光」という意味なので、「ピカピカ光る」イメージで捉えます。似た言葉にgaudy［ゴーディー］、tawdry［トードゥリー］があります。

---

❻ お似合い

□ **It looks nice on you.**

よくお似合いですよ。

(表現ワンポイント)

「似合う」はniceを使ってみましょう。「その服はあなたの上で(on you)よく見える(looks nice)」と発想します。on youの代わりにfor youを使わないように注意しましょう。niceを強く発音します。

---

❼ コーディネート

□ **This sweater goes with the pants.**

このセーターはそのズボンに合うよ。

(表現ワンポイント)

go (well) with ～は「…が～とよく合う」という意味です。go with everything(何とでも合う)、go with any color(どの色とでも合う)のように使えます。

❽ 色が似合う

□ **Green suits you well.**

グリーンは君にピッタリだね。

表現ワンポイント

〈suit［**スートゥ**］+ 人〉で「(人)にぴったりだ」という意味になります。This jacket really suits you. など、主語には色だけでなく、服や靴なども使えます。suits you は［**スーチュー**］のように発音しましょう。

❾ サイズ

□ **It doesn't fit.**

サイズが合いません。

表現ワンポイント

「フィットしない」、つまり「サイズが合わない」ということです。It doesn't fit me. とも言います。It's not the right size.（サイズが違います）や too tight（きつすぎる）、too loose（大きすぎる）も使ってみましょう。

❿ おしゃれ

□ **You're really dressed up today.**

今日はすごくおしゃれだね。

表現ワンポイント

be (all) dressed up は「めかしこむ」「おしゃれする」「身なりを整える」「正装する」などの意味があります。You look so nice today. と言って褒めてもいいでしょう。

UNIT 48 ネイティブのように話そう 大学生活

話すためのヒント 出身大学や専攻はよく話題になる

大学にはuniversity（4年制大学）とcollege（短期大学、単科大学）がありますが、広義でcollegeを使うこともあり、4年制大学、短期大学にかかわらず、「大学に行く」はgo to collegeと言います。facultyは「学部」や「教授陣」のことです。

undergraduate studentsは「学部生」、graduate studentsは「大学院生」という意味です。「～を専攻する」は major in ～、「授業料」はtuition、「奨学金」はscholarship、「助成金」はgrantと言います。

CD-2
18

❶ 出身大学

□ **Which college did you go to?**
大学はどちらに行かれたのですか。

(表現ワンポイント)

学歴社会の日本では卒業した大学名を聞くのは少し失礼かもしれませんが、英語では出身大学を平気で聞いてきます。文末のgo toのtoを忘れずに。I graduated from ～.（～を卒業しました）も使ってみましょう。

❷ 専攻

□ **What was your major?**
何を専攻していましたか。

表現ワンポイント

major［**メイジャー**］は「専攻(する)」という意味の名詞、または動詞です。major in ～で「～を専攻する」となり、例えば、I majored in Business Administration.(経営学を専攻しました)と言います。

❸ 同窓会

□ **Why don't we attend the class reunion?**
クラスの同窓会に出席しませんか。

表現ワンポイント

「同窓会」はreunion partyとも言います。「(学校全体の)同窓会」はschool reunionです。family reunionは「家族で集まる親睦会」のこと。相手を誘うときはWhy don't we ～?やLet's ～.を使いましょう。

❹ 大学2年生

□ **I'm a sophomore at Nanjo University.**
私は南城大学の2年生です。

表現ワンポイント

大学で、「1年生」は男女を問わずfreshman、「2年生」はsophomore［**ソファァモア**］、「3年生」はjunior、「4年生」はseniorです。first year student(1年生)、second year student(2年生)…と言う場合もあります。

❺ 発表の準備

□ **I'm busy preparing for my presentation.**
発表の準備で忙しいの。

表現ワンポイント

「~することで忙しい」はbe busy ~ingで表します。I'm busy with my homework.(宿題で忙しい)のようにwithを使うことも可能です。「発表(プレゼン)する」はgive a presentation[プレゼン**テイ**シュン]です。

---

❻ レポート

□ **The paper is due today.**
レポートは今日が締め切りだよ。

表現ワンポイント

due[**デュ**ー]は「期限が来ている」という意味です。「期限はいつ?」はWhen is it due?です。学校で提出する「レポート」はpaperを使います。「締め切り」はdeadline[**デッ**(ドゥ)ライン]という語もあります。

---

❼ 宿題

□ **Have you turned in your assignment?**
宿題は提出した?

表現ワンポイント

turn in ~は「~を提出する」という意味です。hand in ~やsubmitとも言います。「宿題」にはhomeworkやassignmentを使います。返事として「まだ(提出していない)」は、Not yet.です。

❽ 留学生

☐ **I made friends with an international student.**

留学生と友だちになったよ。

表現ワンポイント

「〜と友だちになる」はmake friends with 〜です。「留学生」はforeign studentsでもOKですが、foreignは「外の」というイメージが強いので、international studentsと呼ぶことが多くなってきています。

---

❾ 単位

☐ **I need six more credits to graduate.**

卒業するためには、あと6単位必要です。

表現ワンポイント

大学で取得する「単位」のことはcredit［クレディッ(トゥ)］で表します。「彼は卒業するのに単位が足りない」は、He doesn't have enough credits to graduate.と言います。

---

❿ 奨学金

☐ **I'm going to college on a scholarship.**

私は奨学金で大学に通っています。

表現ワンポイント

「奨学金」はscholarship［スカラーシップ］です。「奨学金で」という場合はonを使います。「奨学金制度の上に乗って」とイメージしましょう。奨学金で授業料が全免になる場合は、on a full scholarshipです。

UNIT 49 ネイティブのように話そう
カジュアル表現①

話すためのヒント

「了解」はGotcha.

ネイティブスピーカーと会話を楽しむには、学校ではあまり教えてくれないカジュアルな英語表現が役に立ちます。例えば、「了解」はGotcha.やGot it.、「〜にはまっている」はhooked、「お酒」のことはboozeなど、教科書には載っていない表現をネイティブスピーカーはよく使います。

他にも、splurge（ぜいたくをする）やcopycat（まねする人）など、たくさんあります。このユニットでは、海外の映画やドラマでよく使われるカジュアルな表現のいくつかを紹介します。

CD-2 19

---

❶ お祝い

□ **Congrats!**
おめでとう！

表現ワンポイント

Congrats!［クングラッツ］はCongratulations!の短縮形です。友人同士などに使うカジュアルな言い方なので、場面や状況に注意しながら使いましょう。

❷ 嫌だ

No way!
ムリ！

表現ワンポイント

自分が嫌いなことを勧められたときに、「絶対嫌だ！」とか「とんでもない！」と強く断るときの表現です。相手が言ったことに対して「まさか！（そんなはずはない）」とネガティブな驚きを表すときにも使えます。

❸ 理解した

Gotcha.
了解。

表現ワンポイント

got と you が一緒になってできた言葉です。相手が言ったことに対して理解できたことを伝えるひと言です。「捕まえた！」とか「見つけちゃったよ」という意味でも使います。Got it. [**ガ**ーリッ]（わかった）とも言えます。

❹ 豪遊する

Let's splurge!
パーっと行こうよ！

表現ワンポイント

spend a lot of money（お金を使いまくる、ぜいたくする）という意味です。live it up [リヴィ**ラッ**（プ）]（豪遊する）という表現もあります。

❺ 禁酒

☐ **I'd better kick my booze habit.**

もうお酒をやめないとね。

> 表現ワンポイント
>
> booze［ブーズ］は「お酒」のカジュアルな言い方です。I need some booze. と言えば「お酒が飲みたい」、I'm off booze. と言えば「禁酒中です」という意味です。

❻ はまる

☐ **I'm hooked on video games.**

テレビゲームにはまってるよ。

> 表現ワンポイント
>
> hooked［フックトゥ］は「熱中している」「はまっている」「大好きだ」という意味です。「麻薬中毒になっている」という意味もあります。「テレビゲーム」は英語ではvideo gameです。

❼ 期待はずれ

☐ **Oh, it was a real bummer.**

あ～、もうホントがっかりだよ。

> 表現ワンポイント
>
> bummer［バマー］は「がっかり」「期待はずれ」「不愉快な経験」という意味の単語です。例えば、How was the concert?（コンサートはどうだった？）などの返事として使えます。

❽ まねっこ

□ **Don't be a copycat.**

まねしないで。

表現ワンポイント

copycatは「まねる人」のことです。copyは「〜を写す」という意味ですが、「〜をまねる」という意味でもよく使います。copycat crimeと言うと、「模倣犯罪」のことです。

---

❾ 壊れた

□ **My car is kaput again.**

車がまた壊れちゃったよ。

表現ワンポイント

kaput［カ**プ**ットゥ］には、車などが「壊れている」という意味があります。broken［**ブ**ロウクン］のカジュアル表現です。「バスが故障した」はThe bus broke down.とも言えます。

---

❿ 行動をうながす

□ **You gotta do what you gotta do.**

やるべきことはやらなくちゃ。

表現ワンポイント

「しないといけないことは、ちゃんとしないとね」と、相手に行動を促すときの表現です。gottaはgot to（〜しなければならない）のことで［**ガ**ラ］、what youは［**ワ**ッチュ］のように発音するのがポイントです。

UNIT 50 ネイティブのように話そう
カジュアル表現②

話すためのヒント

24/7は「年中無休」

　学校の英語の教科書では、いわゆる「正しい」「標準的な」表現を学びます。ところが、日常英会話では、ネイティブスピーカーは、教科書には出てこない言葉や表現をさりげなく使います。

　例えば、24/7は「年中無休」という意味で使われます。その他にも、lemon（欠陥商品）、angle（企み）、have a ball（楽しむ）など、このユニットで、もう少しカジュアルフレーズのレパートリーを増やしていきましょう。

CD-2 20

❶ 超美人

□ **She's a real knockout.**
彼女、超美人だよ。

（表現ワンポイント）
「ノックアウトされて気を失うほどすごい美人」ということです。素晴らしいヒット商品などに使うこともあります。「美人のモデル」はknockout modelです。

❷ 年中無休

□ **The store is open 24/7.**

その店は年中無休です。

表現ワンポイント

24/7 [トゥ**ウェ**ニーフォー**セ**ヴン] は「1日24時間、週7日間開いている」、つまり「年中無休」ということです。「いつも」「しょっちゅう」という意味で、all the time とも言えます。

❸ 欠陥商品

□ **The car I just bought is a real lemon.**

この前買った車は欠陥商品もいいところだ。

表現ワンポイント

lemon [**レ**マン] は普通は果物の「レモン」のことですね。でも、「欠陥商品」、特に「欠陥車」の意味でもあります。レモンは「酸っぱい」ということから、英語では悪いイメージで捉えられることがあります。

❹ 企み

□ **What's your angle?**

何を企んでいるんだ？

表現ワンポイント

相手の話に何かウラがあるような気がしたときに、「君のねらいは何だ？」とたずねるひと言です。angle [**ア**ンゴォ] は「角度」という意味ですが、「企み」という意味でも使います。

❺ 電子レンジ

□ **Just nuke it.**

チンしてね。

表現ワンポイント

nukeは「電子レンジで温める」という意味で使われます。[ジャス(トゥ) **ニュー**キッ(トゥ)]のように3語つながって聞こえます。「電子レンジ」はmicrowave oven [**マ**イクロウェイヴ **ア**ヴン]です。

---

❻ もうける

□ **He's raking it in.**

彼、がっぽりもうけてるよ。

表現ワンポイント

rakeは本来「熊手(でかき集める)」という意味です。ギャンブルで勝って、チップを寄せ集めるイメージです。raking it inは、[レイキンギ**リ**ーン]のように3語つないで発音しましょう。

---

❼ 楽しんだ

□ **We had a ball last night.**

夕べはめっちゃ楽しかったよ。

表現ワンポイント

ballは「球」以外に「舞踏会」という意味もあります。「(舞踏会を開くくらい)大いに楽しんだ」ということです。We had a lot of fun. とかWe enjoyed ourselves a lot. とも言えます。

❽ 検索する

□ **Google it.**
ググってみて。

表現ワンポイント

日本語で「グーグルで検索する」ことを「ググる」と言うように、Google という名詞が動詞化した形で、Look it up on Google.（グーグルで調べてみて）のことです。

---

❾ へま

□ **I goofed on the exam.**
テストでへまやらかしたよ。

表現ワンポイント

goof［**グーフ**］は「へまをする」「どじを踏む」という意味で使います。I goofed and missed the last train.（へまして終電に乗り遅れた）のようにも使います。goofyは「まぬけな」という意味の形容詞です。

---

❿ 仲直り

□ **Are we cool?**
俺たち、これで仲直りだよな？

表現ワンポイント

Cool.［**クーォ**］は「いいね」という意味でよく使われるカジュアル英語ですが、ここでは相手とけんかをした後などに、仲直りを確認するひと言です。Yeah, we're cool.（そう、仲直りだ）などと返しましょう。

一日まるごとミニフレーズさくいん

一日まるごとミニフレーズをアルファベット順に並べたさくいんです。フレーズの検索や覚えたかどうかの確認にご利用ください。

A

A life jacket is under your seat. ······183
Anything I can help you with? ······198
Are the prices negotiable? ······111
Are there any suggestions? ······88
Are these on sale? ······110
Are we cool? ······229
A typhoon is coming. ······169

B

Be careful when you walk on the street with no sidewalks. ······49
Boil some water in the pan. ······64
Boy, it's so hot today. ······167
Breakfast is ready. ······14

C

Can I ask somebody to take the minutes? ······87
Can I have a box for this? ······63
Can I have another cup of coffee? ······62
Can I see that one? ······110
Can I try this on? ······111
Can we get a table by the window? ······58
Can we have two orange juices? ······59
Can we meet the day after tomorrow? ······179
Can you do the laundry today? ······17
Can you help me set the table? ······17
Can you translate this email into English? ······80
Can you wake me up at seven o'clock tomorrow? ······31
Can you water the flowers in the yard? ······18
Change here for the Ginza Line. ······36
Check, please. ······63
Chop up the onion. ······66
Congrats! ······222
Congratulations on your marriage! ······200
Could you drop me off at the train station? ······43

Could you make a photocopy of this?	81
Could you pull over in the middle of the next block?	45
Could you take it vertically?	205
Could you take this document to the Personnel Division?	85
Could you tell me where the Sales Department is?	91
Cut out talking.	147

D

Daisuke has a crush on Yumi.	212
Did you feed the cats?	15
Do you carry scarves?	109
Do you feel like eating Japanese food?	96
Do you go to a club with live music?	107
Do you have any plans for tomorrow?	30
Do you have the time?	175
Do you have this in another color?	110
Do you have time to talk with me?	144
Do you like spicy food?	69
Do you offer a student discount?	117
Do you play the piano?	105
Do you want me to take your picture?	205
Does it come with salad?	60
Don't be a copycat.	225

E

Everything tastes great!	61
Excuse me for asking.	161
Excuse us.	161

F

Fasten your seat belt.	43
Forgive me if I'm wrong.	162
Fry the meat.	65

G

Get up!	12
Give it a stir.	67
Give me a pose.	206
Go brush your teeth.	15
Good morning. I'm Terada of MK Electronics.	90
Good thing we ran into each other.	151
Google it.	229

Gotcha.	223
Green suits you well.	217

H

Happy anniversary!	202
Happy birthday! I hope you have many more.	195
Happy holidays!	194
Have a happy new year!	191
Have a nice day.	15
Have a nice trip.	115
Have you been abroad?	113
Have you finished your homework?	30
Have you turned in your assignment?	220
He often gets on my nerves.	155
Heat it up.	65
Help yourself to the food and drinks.	197
Her grandfather passed away last week.	202
Here's to your heath!	74
He's a computer geek.	129
He's always cracking jokes.	146
He's my steady.	213
He's not in today.	79
He's raking it in.	228
He's so talkative.	147
Honey, tomorrow is Mika's birthday.	20
How about a drink?	72
How about going for a drive tomorrow?	23
How did the test go?	29
How did you get to know him?	213
How do you commute every day?	37
How do you like your new job?	85
How embarrassing!	155
How exciting!	148
How long are you going to stay in Japan?	96
How long does it take to get there?	180
How much is the fare?	39
How often does the train run?	36
How soon do you need to get it done?	81
How was your day?	28

How's your new project coming along? ·· 83
Hurry up and take a shower. ··· 13

I

I always procrastinate with my homework. ································129
I apologize. ···162
I appreciate it. ··157
I baked a cake and some cookies. ··· 25
I belong to the volleyball club. ··102
I bought this jacket a few days ago. ··177
I came to Tokyo a year ago today. ···181
I can play that piece on the guitar. ··105
I can sing but I can't dance. ···106
I can't thank you enough. ···158
I caught up on my reading. ··· 26
I chatted with my friend on the phone. ······································ 27
I couldn't have done it without you. ···158
I didn't mean that. ··162
I don't drink much. Do you have soft drinks? ···························· 74
I do sit-ups twenty times a day. ··131
I drive to work every day. ·· 42
I feel a little dizzy. ··139
I feel sick. ···138
I feel so guilty. ··153
I fell asleep while watching TV. ··· 26
I goofed on the exam. ··229
I go to a fitness club once a week. ··131
I go to see a dentist every six months for a checkup. ············133
I got a flat tire. ··· 44
I got a flu shot yesterday. ··141
I got a phone call from my ex the other night. ·······················213
I got a ticket for speeding. ·· 43
I got here the day before yesterday. ··179
I got promoted. ·· 84
I grow vegetables in my yard. ··· 25
I had a sore throat last night. ··140
I had my car inspected last week. ··· 45
I had my chest x-rayed at the hospital. ····································141
I hate getting on the scale. ··132

233

I have a fever.	139
I have a hangover.	75
I have a lot of work on my hands.	78
I have a sharp pain in my knee.	140
I have a terrible stomachache.	140
I have an appointment to see Mr. Bream at one.	91
I have just turned forty.	124
I have to get my passport renewed.	114
I have to iron my shirts.	18
I have to put on some make-up.	14
I have to work overtime today.	79
I hope it'll be sunny tomorrow.	168
I hope you have peaceful and restful holidays.	194
I hope you'll have a happy married life.	201
I just took it easy at home.	25
I like listening to classical music.	105
I like strong coffee.	69
I like traveling a lot.	112
I live in the Meguro area with my family.	123
I love crispy fried chicken.	71
I love to go shopping.	108
I love to soak in the tub.	23
I made friends with an international student.	221
I made it!	150
I need six more credits to graduate.	221
I often go to the gym after work.	101
I ordered an interesting book on the Internet.	27
I really enjoy listening to music in my free time.	27
I regret what I did to you.	163
I should've done it ahead of time.	163
I sometimes have a migraine.	141
I stayed home all day.	24
I think I should wait.	111
I took the freeway because the regular roads were so crowded.	44
I tried a new recipe.	22
I used to go to the movies a lot.	125
I used to play tennis.	101
I usually stay home on Sunday.	176

I visited Hawaii on a package tour.	114
I walk for an hour every day for exercise.	130
I want to gain more muscle.	135
I want to go to a hot spring just to relax.	119
I want to go to the countdown at Universal Studios.	190
I want to sing karaoke in English.	106
I want to take a nap.	26
I was born and raised in Tokyo.	122
I was caught in a traffic jam.	46
I was impressed!	150
I was so disappointed.	154
I went to the fireworks festival with my girlfriend.	190
I wish you a Merry Christmas!	194
I wonder if we can have a dog at our house.	21
I wore a kimono at the coming-of-age ceremony.	188
I work for a trading company.	124
I'd appreciate your honest opinions.	87
I'd be happy to help you find an apartment.	97
I'd better kick my booze habit.	224
I'd like a glass of red wine.	73
I'd like to express my deepest gratitude to you.	159
I'd like to have a chat with you.	147
I'd like to have the lunch special.	58
I'd like to make a dinner reservation for tomorrow night.	57
I'd like two seats next to each other.	119
I'd suggest you take a taxi.	52
I'll be transferred to our Yokohama office.	84
I'll be waiting for you at the ticket gate.	40
I'll cook rice right away.	16
I'll drive you to your hotel.	95
I'll go along with that.	59
I'll go to Okinawa on business next week.	83
I'll have a whisky and water.	73
I'll help you open a savings account.	97
I'll pick you up at the airport.	94
I'll show you around the city.	96
I'll take a test this coming Friday.	181
I'll treat you to dinner.	57

I'll turn in my application the week after next.	180
I'm a big fan of the Hawks.	101
I'm a sophomore at Nanjo University.	219
I'm all tied up at the moment.	79
I'm busy preparing for my presentation.	220
I'm busy this week.	178
I'm coming down with a cold.	139
I'm getting a little fat.	136
I'm getting more gray hair.	137
I'm going to college on a scholarship.	221
I'm going to participate in the marathon competition next week.	132
I'm grateful to my parents for their advice.	159
I'm honored to be here.	150
I'm hooked on video games.	224
I'm in love with her.	211
I'm just a couch potato, you know.	128
I'm left-handed.	134
I'm looking for a birthday present for my girlfriend.	109
I'm married with two children.	123
I'm not in the mood.	155
I'm on a diet.	132
I'm planning to go to Canada next year.	113
I'm running a small boutique.	125
I'm sorry I'm late.	161
I'm still sleepy.	13
I'm still suffering from jet lag.	115
I'm still working on it.	61
I'm such a worrier.	128
I'm supposed to have a job interview tomorrow.	31
I'm trying to avoid eating meat.	133
I've been invited to my friend's wedding reception.	201
If you drink, don't drive.	75
If you leave your car here, chances are it'll be towed away.	49
Is this your first visit to Japan?	95
It began to sprinkle.	171
It doesn't fit.	217
It hailed this afternoon.	172
It has a bitter taste.	70

It has a lot of ingredients.	65
It looks nice on you.	216
It takes you about thirty minutes to get to Yokohama.	39
It turned out to be a beautiful day.	172
It was kind of hazy this morning.	168
It was muggy last night, wasn't it?	169
It was my fault.	163
It snows a lot in Hokkaido.	172
It's 8:25.	175
It's across the street from the bookstore.	53
It's all the way in the back.	52
It's a quarter to nine.	176
It's been so humid lately.	168
It's drizzling outside.	171
It's freezing outside.	173
It's getting warmer.	167
It's half past seven.	175
It's in fashion now.	215
It's nice and breezy.	169
It's quite a ways away.	52
It's raining so hard.	170
It's time to go to bed.	31

J

Just bring yourself.	197
Just nuke it.	228
Just sit back and relax.	199

K

Kenji is a real character.	127

L

Let it cook for about 15 minutes.	67
Let me have a bourbon on the rocks.	73
Let me hold your bags.	95
Let me make some coffee for you.	13
Let me take you to a sushi bar in Akasaka.	97
Let me talk to my boss first.	83
Let's arrange a farewell party for Steve.	198
Let's celebrate the Fourth of July.	192
Let's discuss the budget plan first.	87

Let's get ready for Christmas today.	22
Let's go into the house.	183
Let's go swimming.	102
Let's go to see the cherry blossoms.	189
Let's make a toast to your bright future.	75
Let's put on some music.	106
Let's split the bill.	63
Let's splurge!	223
Let's take a ride on the Ferris wheel.	117
Let's take the elevator over there.	41
Let's take the subway.	35
Let's talk about it over lunch.	145
Look at that baby with chubby cheeks.	137
Looks like it's gonna rain.	166
Looks like you've lost weight.	136
Lower the heat.	67

M

Make your own bed.	17
May I have your name, please?	93
May I help you?	93
May I see the desert menu?	62
May I speak with you in private?	145
Mom and Dad, today is your wedding anniversary!	21
My boss is so mean to me.	127
My boyfriend is so sweet.	211
My car is kaput again.	225
My company is behind the post office.	184
My condolences to you and your family.	203
My favorite musician is Michael Jackson.	107
My grandmother's remains are kept in the temple.	203
My job title is Assistant Sales Manager.	124
My sister is so nice and friendly to everybody.	126
My skin is so dry I can't put on my make-up.	135

N

No way!	223

O

Oh, I love it!	151
Oh, I'm stuffed.	62

Oh, it was a real bummer.	224
Oh, my goodness!	152
Oh, no. The battery is dead.	44
Okay, we're gonna take a group picture!	207
Oops! I forgot to put in my contact lenses.	14
Our family members get together during the obon season.	189

P

Peel the apple.	66
People eat turkey on Thanksgiving Day in the U.S.	193
Please give us some more details.	88
Please have a seat.	92
Please move a little closer.	206
Please sign in.	93
Please wait till tomorrow.	180
Poor thing.	153
Put everything together in the pot.	66

R

Riding a roller coaster is a lot of fun.	117
Route 280 is closed because of the heavy snow.	47

S

Say cheese!	207
Sayaka is getting married to Billy next month.	201
School starts in April in Japan.	177
See you tomorrow.	81
Shall we take a break?	84
She always wears flashy clothes.	216
She drives me crazy sometimes.	154
She gets dimples when she smiles.	135
She is a bigmouth.	146
She was mad.	153
She'll be with you in a second.	92
She's a real knockout.	226
She's on leave today.	80
She's out to lunch.	80
She's so moody.	127
She's so thin.	136
Snuggle up to me.	212
Sorry about that.	160

Start eating. ·· 29

T

Take out the garbage. ··· 19
Thank you for waiting. ·· 92
Thank you for your help. ··· 156
Thanks a lot. ··· 157
Thanks to you. ·· 157
That's amazing! ·· 149
That's disgusting. ·· 154
That's very kind of you. ··· 159
The accident happened the week before last. ···································· 179
The Beatles are still popular among young people. ···························· 107
The car I just bought is a real lemon. ·· 227
The coffee shop is right next to the pharmacy. ·································· 184
The concert starts at six o'clock. ··· 176
The Dodgers are in first place. ·· 103
The entrance is on the other side of the building. ······························ 185
The game was rained out. ·· 103
The hospital is beyond the bridge. ·· 185
The light bulb burned out. ·· 19
The music shop is just past the luggage store. ···································· 51
The newspaper is on the table. ··· 182
The next meeting will be held at two. ··· 89
The paper is due today. ·· 220
The pasta you cook always tastes great, Mom. ··································· 21
The rainy season is finally over. ·· 171
The restaurant is kitty-corner from the jewelry store. ························· 53
The restrooms are at the end of the hall. ·· 185
The shopping mall is extremely crowded on Black Friday. ················· 193
The steak we had was so tender. ·· 71
The store is open 24/7. ··· 227
The street is under construction. ·· 47
The supermarket is just around the corner. ·· 53
The wake will be held tonight. ··· 203
The weather has been so nice for the last few days. ························· 173
The wind is picking up. ··· 167
There must have been a traffic accident up ahead. ····························· 47
There're four people in my family. ·· 123

There's a park in front of my house.	184
There's a train station down the street.	38
There's no parking lot in this area.	48
There's no such thing as Christmas cake in America.	195
These pants are the fad among young people.	215
These udon noodles have gotten soggy.	71
They broke up.	212
They have a large selection.	109
They love to blab.	146
They won five games in a row.	103
This apple is sour.	70
This coke is flat.	70
This heat is killing me.	173
This hot chocolate is too sweet for me.	69
This is a lot of fun!	151
This is a one-way street.	48
This is an express train.	37
This is between you and me.	145
This is not what I ordered.	61
This is so delicious! You're such a good cook!	68
This is the end of the line.	36
This is the first time that I'm traveling overseas.	114
This is the year of the monkey.	191
This sweater goes with the pants.	216
This train is bound for Umeda.	35
This train is overcrowded.	34
This way, please.	91
Tokyo has an amazing public transportation system.	37
Tomorrow is my son's commencement.	195
Touch your card to the scanner.	40
Trick or treat!	193
Turn right at the next corner.	50
Two adults and one child, please.	118

W

Walk straight till you get to the intersection.	51
We are leaving a week from today.	181
We are running out of gas.	45
We ate soba noodles on New Year's Eve.	190

We had a ball last night.	228
We had a wonderful time tonight.	199
We have to make a decision soon.	89
We have to take a detour.	48
We really enjoyed your company.	199
We should vacuum the living room.	18
We want the ocean behind us.	205
We went on a date on St. Valentine's Day.	189
We'll have a pot luck party this weekend.	196
We're getting a little off track.	89
We're going to stay in London for five days.	115
We're so happy about the result.	149
What a relief!	149
What are you going to have?	58
What country would you like to visit?	113
What do you recommend?	59
What is the agenda for today's meeting?	86
What is your favorite sport?	100
What kind of cocktails do you have?	74
What kind of music do you like?	104
What time do you close?	118
What time does the funeral start?	202
What time does the movie start?	118
What time is it now?	174
What was your major?	219
What would you like to eat for dinner?	57
What's for dinner?	29
What's in the bag?	183
What's on?	30
What's the occasion?	198
What's today's date?	177
What's your angle?	227
When I was a little girl, I was short and chunky.	137
When I was in high school, I belonged to the soccer club.	125
Where are the ticket machines?	39
Which college did you go to?	218
Which exit should I take to go to the Plaza Hotel?	41
Which train goes to Roppongi?	35

Who's coming to the party?	197
Who's in charge of this project?	85
Why don't we attend the class reunion?	219
Why don't we eat out tonight?	56
Why don't we go hiking if the weather is good tomorrow?	119
Why don't we go to the shrine on New Year's Day?	191
Why don't we look for a new condominium?	23
Will you marry me?	210
Would you like to go to Disneyland with me?	116
Would you like to play tennis with me?	131
Would you mind checking on that right away?	82
Would you mind sweeping the floor?	19
Would you mind taking our picture?	204
Would you mind turning the music down?	22

Y

You are so helpful.	158
You can buy pre-paid IC cards at the ticket office.	40
You gotta do what you gotta do.	225
You have to pay a toll to cross this bridge.	49
You may be right, but I have a different opinion.	88
You really have a sweet tooth, don't you?	129
You should exercise more.	102
You should stop smoking.	133
You'll see it on your left.	51
You're not allowed to take pictures here.	206
You're photogenic.	207
You're really dressed up today.	217
You're so fashionable.	214
You're so precious to me.	211
You're so wishy-washy.	128
You're wearing a nice spring outfit.	215
Your train is leaving from platform 3.	41

●著者紹介

山崎祐一　Yuichi Yamasaki

長崎県出身。カリフォルニア州立大学サンフランシスコ校大学院修士課程修了。現在、長崎県立大学教授。専門は英語教育学、異文化間コミュニケーション、英語発音法。日米の国際家族に育ち、言葉と文化が不可分であることを痛感。アメリカの大学で講義を9年間担当。数々の通訳業務や映画の翻訳にも携わり、依頼講演は700回を超える。NHK総合やTBSの「朝ズバッ！」など、テレビや新聞等でも英語教育や異文化理解に関する解説やコメントが紹介される。TSE(Test of Spoken English)スピーキング・発音部門満点、TWE(Test of Written English)満点。著書に『英会話の教科書』、『絶対使えるカジュアルイングリッシュ』、『瞬時に出てくる英会話フレーズ大特訓』、『瞬時にわかる英語リスニング大特訓』、『世界一やさしい すぐに使える英会話超ミニフレーズ300』(以上、Jリサーチ出版)、『スタンド・バイ・ミー』(共著、フォーイン スクリーンプレイ事業部)など。

カバーデザイン	滝デザイン事務所	本文デザイン／DTP	秀文社
イラスト	藤井アキヒト	編集協力	Paper Dragon LLC
CD録音・編集	一般財団法人　英語教育協議会(ELEC)		
CD制作	高速録音株式会社		

本書へのご意見・ご感想は下記URLまでお寄せください。
http://www.jresearch.co.jp/kansou/

ネイティブが1番よく使う英会話
一日まるごとミニフレーズ500

平成28年(2016年)4月10日　　初版第1刷発行
平成28年(2016年)8月10日　　第2刷発行

著者	山崎祐一
発行人	福田富与
発行所	有限会社　Jリサーチ出版
	〒166-0002　東京都杉並区高円寺北2-29-14-705
	電話 03 (6808) 8801 (代)　FAX 03 (5364) 5310
	編集部 03 (6808) 8806
	http://www.jresearch.co.jp
印刷所	中央精版印刷株式会社

ISBN978-4-86392-273-0　禁無断転載。なお、乱丁・落丁はお取り替えいたします。
© 2016 Yuichi Yamasaki, All rights reserved.